날마다 전성기

날마다 전성기

초판발행 2024년 3월 21일
지은이 성민선
펴낸이 신지원
펴낸곳 도서출판 소소담담
등   록 2015년 10월 7일(제2017-000017호)
주   소 대구광역시 북구 호국로43길 7-19
전   화 053-953-2112

ISBN 979-11-983128-7-6 (03810)
ⓒ 성민선, 2024

*저자와 출판사의 사전 동의 없는 무단 전재 및 복제를 금합니다.

날마다
전성기

성민선 에세이집

• 작가의 말

지금이 전성기다

퇴임 후 벌써 십수 년이 흘렀다. 그중 지난 4년은 코로나19 팬데믹으로 신고辛苦를 맛본 특별한 시기였다. 이전에 비해 일상은 온오프 양면으로 더 복잡하고 바빠졌다. 나이 먹은 사람으로서는 적응이 결코 쉽지 않았으나 줌을 통해 공부하는 기회와 글쓰기 시간은 오히려 늘었다.

이 책은 미발표 원고 몇 편을 제외하고는 모두 지난 4년간 썼거나 발표한 글들을 담았다. 책의 제목을 '날마다 전성기'로 정한 것은 어려운 시기에 우리 사회의 멘토가 되어 주는 분들로부터 받은 영감이 결정적이었다.

104세의 철학자 김형석 교수님은 살아 보니 인생의 가장 좋은 때는 '60부터 75세까지'이며 '90전까지는 포기하지 말라' 하셨다. 선생님은 우리에게 전성기는 과거로 끝날 일이 아니라 앞으로 살아갈 미래에도 그 길이 활짝 열려 있다는 희망을 주셨다.

대중적인 인기가 높은 배우 금보라가 한 TV프로그램에 나와서 전성기는 '살아 있는 모든 날'이라 말하며 신선한 충격을 던져 주었다. 그녀는 전성기를 한때의 화려한 시절로 보지 않고 흘러가는 물처럼 계속 이어지는 전 생애의 문제로 보았다. 그녀는 전성기에 미래를 담을 수 있는 조망과 희망을 갖게 했다.

배우 윤여정은 오스카상을 수상했다. 그녀는 영화 〈미나리〉와

오스카상 수상 스피치를 통해서 국제적으로 명배우의 반열에 올랐다. 윤여정 배우는 연기가 좋아서만 연기를 한 것이 아니라 혼자서 아이들을 키우기 위해 워킹 맘으로서 어떤 역할도 마다하지 않고 일해야 했다고 한다. 그녀는 일을 하면서 스스로의 전성기를 만들어 가는 모범을 보여 주었다.

　지인 몇 사람에게 그들이 생각하는 전성기를 물었다. 의외로 '지금'이라는 답이 많았다. 지금의 의미는 크다. 지금은 과거, 현재, 그리고 미래의 시간 구분과는 달리 이름을 붙일 수 없는 순간이 영원히 이어지는 것이기에 앞으로 올 모든 시간이 쭉 전성기가 되기를 원한다는 뜻이 담겨 있다. 어느 한 지인은 전성기는 열정이라고 의미를 새겼다. 열정은 활기이고 활기는 에너지라는 설명과 함께 자기는 날마다가 축제라고 했다. 날마다 전성기로 살겠다는 의지의 멋진 표현이 아닌가.

　이 책이 날마다 전성기로 살겠다는 정신을 가진 사람들을 이어 주는 연결 고리가 될 수 있기를 바란다. 나아가 어느 연령층을 막론하고 웰에이징(행복한 나이 듦)과 웰다잉(잘 죽음)에 대해 토론할 수 있는 계기가 될 수 있다면 더 바랄 게 없다.

　표지 그림을 선뜻 내준 친구 윤옥진 화백께, 산만한 원고를 잘 살피며 책을 만들어 준 출판사 소소담담에 감사드린다. 글 쓰는 아내, 엄마를 옆에서 응원해 주고 동행해 준 사랑하는 가족들에게 고마움을 표한다.

2024년 3월
성민선

• 차례

작가의 말　4

1부 오늘도 좋은 날

90세까지는 포기하지 마라　13

과거는 버려도　17

목수건　23

젊은 나에게 주는 조언　28

마지막 선물　36

노년의 친구들　40

오늘도 좋은 날　44

살아 계신 모델　48

에고의 적들　53

2부 산책과 명상

생각   65

당신의 멘토는   71

잘 살고 잘 죽기 위해   76

최상의 행복   80

산책과 명상   86

한산사에서   90

방거放去 수래收來   98

4년 만의 외출   104

무여 선사 친견 법문   110

3부 노인의 권리

킴 트랩 패밀리   119

다시 돌아갑니다   124

노인의 권리   130

와인 세탁   134

명배우 명연설   139

사랑하는 딸에게   144

꽃은 피고 지고   149

날마다 전성기   153

용띠 해의 소망   158

4부 감사의 씨앗

수필의 온도   165

이유 있는 글쓰기   169

두꺼운 책 두 권   173

논어를 공부하다   178

중국어 공부   182

글쓰기와 인생사   186

십 년 공부   191

개천에 핀 장미   196

감사의 씨앗   204

5부 끝없는 사랑

최익현의 충의忠義가 깃든 청양　211

아름다운 우분투 세상　218

책을 선물하다　224

스토 부인의 외침　229

비누를 예찬함　234

사회정의와 사회복지　239

티나 터너　246

오늘은 또 뭘 버릴까　250

끝없는 사랑　255
　－펄 S. 벅의 《피오니》(모란)에 부쳐

1부
오늘도 좋은 날

90세까지는 포기하지 마라

　신문을 펼 때 늘 보는 면이 있다. 부음란이다. 젊었을 때는 우리 앞 세대의 별세 소식을 알 수 있었고, 나이가 드니 이제는 내 또래의 사망 소식을 알게 된다.

　유명한 기업인 한 분이 75세로 별세했다는 부음이 났다. 지인의 남동생이다. 가정사를 잘 알기에 참 아깝고 안타깝다는 생각이 들었다. 재벌이었던 부친에게서 물려받은 기업을 일구고 유지하는 동안 온갖 부침을 겪으면서 힘들게 살았다. 노후만큼은 편안하게 오래 살면 좋았겠단 아쉬움을 느꼈다.

　나의 친정아버님이 그 연세에 돌아가셨다. 24년 전이다. 돌아가시는 날이 마침 추석날이었고, 온 가족이 집 안에 있을 때 침대에 편안하게 앉아 계시다가 거의 좌탈입망하듯이 떠나셨다. 그것만도 감사한 일이었지만, 시간이 지날수록 아버지가 살아계실 때 대화를 나눌 시간을 따로 갖지 못한 것이 몹시 후회스러웠다. 아버지와 나누고 싶고 듣고 싶던 이야기가 많았는데, 바쁘다는 핑계로 그런 시간을 갖지 못했다. 딸로서 아버지의 노후에 용돈도 드리지 못하고 즐거운 시간을 별로 갖지 못한 것이 얼마나 죄스럽고 슬픈 일인지를 내가 아버지의 나이를 넘어서 살아 보니 알게 되었다.

신문에 난 유명 인사의 부음 소식을 접할 때, 그분이 80대라도 아쉬운 것은 마찬가지이지만 그래도 선전하셨다고 느낀다. 만약 90대 분이 돌아가셨다고 하면 그래도 잘 살다 갔다 싶다. 아는 선배님 한 분이 부군께서 90이 되시기 전에 가신 것을 못내 아쉬워하면서 조금 더 살아 80대보다는 90자를 달고 가셨으면 했다고 아쉬운 심정을 토로하던 것이 이해되었다. 9순을 준비하던 문단의 원로 한 분이 최근에 낙상 끝에 돌아가셨는데 황망하기 그지없었다.

90세 이상 장수하는 것은 개인이 희망해서만 되는 것은 아니다. 타고난 수명이 작용하는 것 같다. 평균 수명이 남자보다 긴 여성은 아무래도 자기 관리를 더 잘하기에 장수를 누리는 것 같다. 내 어머니도 그랬고 친구들의 어머니들도 대개 90대에 돌아가시는 분이 많다. 어머니는 아버지보다 20년을 더 살고 가셨기에 어머니와는 충분한 대화 시간이 있을 줄 알았다. 하지만 어머니가 노환에 드시어 하고 싶은 이야기를 다하지 못한 것이 못내 안타깝다. 건강한 장수가 왜 중요한지 알게 되었다.

우리 사회 지성의 상징처럼 백 세를 넘어서도 흔들림 없는 노익장을 보여 주는 철학자 김형석 교수는 강의, 집필, 운동 등 여전한 현역이다. 그야말로 철인鐵人이라 할 만한 철인哲人이다. 그 존재만으로도 고령 사회의 나침반이 되어 주며, 잘만 하면 누구든 그와 같이 될 수 있다는 희망을 준다. 그가 말했다. 살아 보니 인생의 황금기는 60부터 75세 전까지라고. 그리고 90세가 되기 전까지는 절대 포기하지 말라고.

고령자들은 돌아갈 수 있다면, 70대는 몰라도 5, 60대로 돌아가고 싶다고 말하는 사람이 많다. 일과 가족에 대한 책임 때문에 중장년기에 하고 싶어도 할 수 없었던, 자신을 위한 활동을 하면서 제3의 인생을 살고 싶어 하는 것이라고 짐작된다.

김형석 교수는 이미 황금기가 지난 초보 노인들에게 90까지는 손을 놓지 말고, 하고 싶은 일을 하라고 당부한다. 본인이 그 예를 보여 주었듯이, 백 세에도 끄떡없이 하고 싶은 일을 하고 살고 있다. 하지만 이는 누구나 할 수 있는 예사로운 일은 아니다. 80대의 노인이 과연 원한다고 10년을 더 맘껏 활동할 수 있을 것인지는 누구도 자신할 수 없는 일이리라.

헌 달에 한 번씩 생일 파티를 하는 우리 친구들은 더도 말고 10년만 더 생일잔치를 하자고 한다. 그때는 팔십 중반을 넘는 나이다. 현재로서는 아무도 확신하지 못하면서도 저마다 기대는 하고 있는 듯하다.

일부 철없고 계산 빠른 정치인이 젊은이와 노인을 이분법으로 나눠 패를 가르고 세력화하는 현실을 볼 때, 아마 이런 글조차 끔찍하다고 여길 노인 혐오자가 분명히 있을 것이다. 마치 자기들은 늙지 않을 듯이, 영원할 듯이. 초고령 사회의 앞줄에 선 노인이 측은해 보이기도 한다. 하지만 이 세상에 노인이 존재해야 하는 이유가 있다. 그것은 노인이 있어서 나라가 있고 젊은 세대가 있다는 것을 보여 주기 위해서다. 나이만 든 노인이 아니라 사회의 어른으로 존경받고 끝이 아름다운 모습을 보이고 떠나는 노인을 기리기 위해서이다.

미국에서 보았던 부음란이 머릿속에 남아 있다. 고인의 뜻을 기리거나 유지를 살리기 위해 조위금을 어느 단체나 재단에 보내 달라고 하는 부고이다. 사후까지 사회에 회향回向하는 고인이나 유가족의 모습이 아름답다.

김형석 교수님은 90이 되기 전에는 하고 싶은 일을 포기하지 말라고 하셨지만, 어느 나이에 있건 우리가 어떻게 살고 갔는지, 남은 사람들이 우리를 어떻게 기억해 주기를 바라는지 마음속으로 그려보는 연습을 해 봄은 어떨까 싶다. 아직 시간이 있을 때.

과거는 버려도

과거를 버리는 일은 눈물나는 일이었다. 그동안에도 숱하게 많은 책을 버려왔건만 이번은 기분이 달랐다. 책과 종이 뭉치들을 대량으로 버리는 것으로는 생전 마지막이라는 심정으로 버리는 것이기에 버리고 청소한다는 쾌감보다는 과거와 절교하는 듯한 아픔과 미련이 뒤따랐다.

남편은 "정리되지 않은 자료는 자료가 아니고 쓰레기일 뿐"이라며 핀잔을 주었다. 아들은 지금 버린 것을 다시 찾을 확률은 1%도 안 될 거라고 하며 위로의 말을 건넸다. 책은 물론 내 과거가 고스란히 남겨 있는 박스며 파일을 미련스럽고 애잔하게 들여다보던 것을 과감히 멈추고 정리했다. 헌책방 사람이 세 차례나 와서 책은 물론 폐지까지 수거해 갔다. 헌책 값을 얼마 쳐주는 고마움에 대해 사례하였다. 2인 1조의 용역 두 사람이 와서 책꽂이와 책상을 아파트 단지 내 재활용품 수거장으로 내갔다. 다시는 책을 모으거나 꽂아 두지 않도록 높고 커다란 책꽂이를 버리는 일이 우선이고 핵심이었다.

처음엔 요즘 TV에서 인기 있는, 살림 정리해 주는 업체에 부탁할 생각이었고 딸이 업소를 알아봐 주었다. 안 쓰는 물건을 버리고 가구를 재배치해 새 공간을 찾아 주고 새로운 삶까지도 찾아 주는 터닝 포인트를 제공한다고 하니 매력적이지 않을 수가 없었다. 어차피 퇴임 후 책을 다 집으로 끌고 들어온 터라 제대로 정리하지 못한 데다 불교와 문학 관련 책이 늘어날 대로 늘어나 있는 상태라 방의 벽마다 책꽂이와 책들로 답답하기 짝이 없었다. 눈 딱 감고 한번 맡겨보려 했으나 수수료가 집 평수에 비례한다고 했다. 의뢰 전에 어찌 되었거나 우리 집엔 책이 주된 짐이고 그 정리는 주인이 직접 해야지 남의 손에 맡길 일이 아니므로 우선 책부터 정리하기 시작했다. 그러자 공간이 보이기 시작했고 조그만 가구의 재배치로 공간을 시원하게 쓸 수 있다는 희망이 보였다. 정리 업체에 의뢰하지 않기로 하고 부부가 하나씩 요령을 알아 가면서 정리해 갔다. 비용을 별로 들이지 않으면서 동네 쓰레기장에 내버리는 요령을 알게 되니, 이 방면에서도 우리나라는 복지 국가로서의 시스템을 갖추고 있음을 확인했다. 책꽂이와 같은 무거운 가구를 내려가기 위해 동네 인테리어 업자를 통해 용역을 부르는 일까지 하나씩 차근차근 진행했다. 모처럼 부부간에 합심이 되어 각자 일을 나누어 했다. 목표는 빨리가 아니라 다치지 않고 몸이 아프지 않게였다. 마스크를 썼어도 먼지깨나 먹었을 것이다.

버린 것에 대한 미련은 없다. 처음엔 자서전의 자료가 다 날아간 것 같고 과거와의 연결이 끊어졌다는 단절감이 느껴져 허전했으나 곧 과거는 버려지는 것이 아니라 지금의 나로 살아 있다는 느낌이 되살아났다. 과거의 나가 오늘의 나로 이어졌을 뿐 과거는 버릴 대상도, 없어질 대상도 아닌 것이다. 잃어버린 과거가 하나도 없다는 생각이 들었다. 열심히 할 일 했던 지난 시절은 지금의 나에게 모두 반영되어 있지 않겠나.

사회사업학계의 1.5세대로 오랜 기간을 사회사업을 공부하고 후학을 가르쳤고, 개척기인 만큼 이런 일 저런 일 간여한 분야도 많았다. 족적이라면 족적, 흔적이라면 흔적을 남겼던 것을 나 자신이 인정하고 있다. 비록 그것이 모래사장에 남겨진 흔적처럼 밀려온 파도에 한 번에 쏴악 지워지고 마는 그런 것일지라도 말이다. 한 가지 특이한 점이 있다면, 내가 참여했던 회의나 현장에 대한 자료를 다 모으고 있었고 전문 분야와는 관계없는 이런저런 감상문을 여기저기 써 놓은 것이 많았다는 것이다. 자료의 모음과 기록을 중시했던 습성이라 해도 되겠고, 아마 퇴임 후 수필세에 들어온 인연도 기록하고 쓰고자 하는 욕구가 자연스럽게 발아한 것인지도 모르겠다.

정리하던 중 미국 어느 대학에서 교환학점으로 취득했던 '정치학' 시험 답안지가 나왔는데 집으로 우송해 준 답안의 점수가 B 플러스이고 그 이유가 악필 꼬부랑글씨로 적혀 있었다. 나중에 자세히 보려고 따로 챙겨 두었다.

원고지에 쓰다 만 여러 글이 있었다. 그중 하나가 앞부분밖에 없는 미완성이어서 아쉽지만 여기에 소개한다. 제목은 '생의 한가운데서'이고 쓴 날은 40대 중반 어느 때였다.

이날(1990년 7월 26일, 목요일)은 김진흥·한무숙 씨 내외분의 금혼 기념 서화전 및 출판기념회가 있는 날이다. 저녁 6시에 프레스 센터인데, 나는 부모님으로부터 간접적으로 초대를 받고 있었고, 그러기 전에도 신문에 난 그분들의 금혼식 얘기를 보고 꼭 찾아뵙고 축하를 드리는 게 친척으로서 도리라고 생각하던 터였다.

어디 친척 중에서도 그들이 보통 친척들인가. 대한민국, 아니 세계 어디에 내놓아도 한국을 대표할 유명 인사들이다. 그들을 친척으로 갖는다는 것도 보통은 아닐 것이다. 친척 가운데서도 그들은 가깝다면 아주 가까운 친척이다.

그러니까 김진흥 씨의 모친이 한 번도 직접 뵌 일은 없지만 내겐 대고모 할머니가 되신다. 우리 쪽이 김진흥 씨의 외가이고 우리 할아버지께서 외숙부이시며 아버지께서는 외사촌이시다. 행장님은 우리나라에서 최장수 은행장을 하셨고 외곬으로 은행을 지키시다 은퇴하셨다. (중략)

내가 대학에 입학하고 나서였다. S대에 합격한 것이 자랑스러웠던지 부모님은 나를 명륜동으로 데려가셨다. 나는 인사를 나누고 함께 식사를 하였다. 그때 그쪽의 2녀 현기가 나와 동학년으로 마침 E대 영문과에 들어갔었는데, 우리가 긴 얘기를 나눈 것 같지는 않지만, 지금 기억나는 것은 아마 내가 국으로 나온 콩나물국을 안 먹고 있었더니 "왜 콩나물국 싫어?"라고 물었던 것이었다. "아니, 좋아해." 하면서도 나는 콩나물국 먹는 데 그리 열심은 아니었던 것 같다. 왜냐하면 우리야 늘 먹던 것이 콩나물국이었는데, 은행장 댁에서도 콩나물국을 잡수시니 다소 이상한 생각이 들어 밥상 위의 콩나물국이 이제까지의 콩나물국과는 다른 것 같은 괴이쩍은 생각이 들었던 것이다.

거기가 글의 끝이었다. 나는 그 뒤 한 선생을 자주 뵐 기회가 있었다. 한 선생은 영어로 일기를 쓰고 계셨으며 아들의 불어 논문을 읽기 위해 불어를 공부하셨다. 일어는 어떤 한국인보다 잘하셨다는 정평이 나 있다. 어느 날 미국에서 장녀 김영기 교수의 집에서 파티를 할 때 선생이 내게 한 말을 잊을 수가 없다.

"난 사실 콩나물 무치는 걸 제일 잘해요. 소설 쓰기 정말 힘들어…"

얼마나 인간적인 말씀인지 나의 뇌리에 박혀서 잊혀지지 않는다. 아직도 값이 별로 오르지 않은 서민 식품 콩나물을 먹을 때마다 선생을 생각하곤 한다. 김영기 교수가 조지 워싱턴 대학에서 벌써 30여 년째 한무숙 콜로퀴엄을 열고 있는데, 선생의 작가적 면모와 인간성은 아무리 파고 파헤쳐도 끝이 없는 것 같아서 자랑스럽기 그지없다.

과거를 정리하면서 파편이나마 과거의 흔적이 귀하게 여겨진 것도 이번 책 버리기 대공사를 통해서였으니 짐 정리 한번 잘했다 싶다.

목수건

　공원 산책 때 나와 같은 시간대에 걷는 한 노인에게 시선이 갔다. 전에 못 보던 분이다. 늘 밝은 색의 상의를 입고 있어서 멀리서도 잘 보인다. 모자를 썼고, 색이 든 안경인지 선글라스인지를 끼고 있다. 등과 허리가 굽은 채 스틱 두 개를 끌면서 느리지도 빠르지도 않은 일정한 걸음으로 운동장을 돈다. 이따금 걸음을 멈추고 서서 허리를 폈다가는 다시 직진이다. 운동장 댓 군데 있는 벤치에 한 번 앉지도 않는다. 어쩌다 걸음을 멈출 때 잠시 허리를 펴고 쉴 뿐이었다.

　누구라도 말을 걸어서 침묵을 깨트린다면 할머니의 정진精進에 방해가 될 것 같은 진지함과 신비로움이 느껴졌다. 그 모습이 꼭 부처님의 초기 경전 《법구경》에 나오는 "그물에 걸리지 않는 바람처럼" 가볍고도, "묵묵히 혼자 가는 코뿔소처럼" 듬직해 보였다. 젊었을 때는 꽤 건장하고 당당했을 것 같았다.

나는 할머니의 사연이 알고 싶어졌다. 하지만 노인의 사연이 어떠하든 할머니에게 다가가서 말을 건다는 것이 혹시 침묵이 필요하고 혼자 있고 싶을지 모르는 그 어르신의 사적인 공간과 시간을 방해할 수도 있겠다 싶어 한동안 그녀의 동태를 지켜보기만 했다.

날씨도 완연한 봄, 할머니의 옷차림이 가벼워졌던 4월 초였다. 할머니가 여느 날보다 보폭도 넓고 힘 있게 걷다가 공원 철책에 붙은 안내문 앞에 발걸음을 멈추고 서 있었다. 나는 그 틈에 할머니에게 다가갔다. 안내문을 읽으며 한숨을 돌리는 할머니는 누군가가 말을 붙여 와도 응해 줄 것 같았다. 나는 할머니 옆으로 바짝 다가가서 입을 떼었다.

"할머니 오늘은 힘이 나시나 봐요. 힘 있게 걸으시네요."

날씨가 따뜻해서인지 할머니는 상기된 안색에 미소를 띠고 나를 바라보았는데, 나는 순간 깜짝 놀랐다. 할머니가 평생 몇 번 뵙지도 못한 내 이모님의 얼굴과 닮아 있었다. 이내 친근감이 들면서 나이와 고향을 여쭤 보니 88세의 강원도 할머니였다. 할머니는 나와의 첫 만남에서 친절하게도 당신처럼 등이 굽기 전에 부지런히 운동하라고 덕담을 해 주었다.

그 다음날 나는 할머니에게로 가서, "전날 좋은 말씀해 주셔서 고마웠다."라고 하니 할머니도 내가 "먼저 말을 걸어 주어서 무척

기뻤다."라고 했다. 사는 곳은 강원도 인제이고 큰딸 집에 와 있다고 하였다. 겨울이 추우니까 딸이 서울에 모셨구나 생각했다. 독거노인이 아닐 뿐 아니라 딸 덕분에 호강하는 유복한 노인으로 여겨져 안심이 되기까지 했다.

할머니를 세 번째 만난 것이 그 다음날 바로 그제다. 바람이 많이 불던 날이었다. 운동장에 들어서면서 할머니부터 찾아 보니 할머니가 출입구 근처 트랙 바닥 한편에 주저앉아 있었다. 벤치에도 안 앉는 할머니가 웬일인가 해서 달려가 보니 바람에 날라간 모자를 줍고 있었다. 할머니 옆에 앉아서 나는 모처럼 할머니의 긴 이야기를 들었다. 92세의 할아버지와 함께 큰딸 집에 와 있는데 아무래도 강원도 인제의 집으로 돌아가야겠다는 것, 할아버지가 6년째 인지장애인데 그중 지난 3년 동안 더 심해졌고 심어 놓은 작물도 다 뽑아버리고 가족도 못 알아보며, 음식도 장(腸)이 붙어 도무지 먹지를 못한다는 것, 겨우 숭늉을 마시는데 이제 그것도 어렵다는 것, 서울의 병원이나 요양원에서도 받아주지 않는 환자이니, 이제 집으로 돌아가서 돌아가시는 일만 남았다고 했다.

할아버지는 6.25 때 참전해서 부상했으며 성격이 강직한 교사로 생활하셨다 한다. 할머니 자신도 몸이 튼튼해서 학창시절 배구 선수를 했고 교사를 했다. 교장직을 정년퇴임한 큰딸이 시간이 났다고 아버지를 모셨으나 그 딸이 지금 아프다고 한다. 할머니는 또 다른 딸이 인근 부동산에서 일하며 사위 용 아무개 박사가 보건의료 분야에서 모 대학의 교수라고 알려 주었다. 장인 장모께 더할 수 없이 잘해 주고 있다고 고마워했다. 살아온 경력이나 자식들 잘 둔 것 등 남부러울 것 없었을 선생님 할머니의 그림이 그려지며 걸을 때의 꿋꿋하고 강인해 보이던 모습의 연유가 짐작되는 듯했다.

"내일이라도 가야 할지 몰라요."

할아버지가 집으로 가신다 함은 곧 돌아가시는 절차를 밟는 것이고 일을 당하게 되면 참전용사회에서 읍내 장례식장에 모시고 다 챙겨 줄 거라고 할머니는 담담하고 침착하게 말했다. 그 대화가 할머니와의 마지막이었다.

그분이 어제부터 안 보였다. 공원 운동장 트랙을 매일 일정한 시간에 나와 직진밖에 모르는 코뿔소처럼 곁눈 한 번 주지 않고 묵묵히 걷기만 하던 할머니. 그분이 어디서고 불쑥 나타나기를 기다리는 나의 소망은 아랑곳없이 할머니는 자취를 내보이지 않았다. 할머니가 출입하던 쪽의 입구로 시선을 돌려보지만 허공뿐이다. 할머니를 못 뵌 다음날도 나는 보통 때처럼 운동장에 나갔다. 행여나 하고 기다렸으나 이 동네 사람이 아닌 할머니의 모습은 어디에도 보이지 않았다.

지인을 통해 수소문해서 사위 용 박사와 통화가 되었다. 장인은 다시 서울에 오신 뒤 요양병원에 입원하였으나 곧 운명하셨다고 한다. 할머니께 작별의 선물로 드리려고 사 두었던 꽃무늬 면 목수건 세 장을 그에게 전달했다. 할아버지는 안 계셔도 할머니가 농사를 지으실 터이므로 목에 두르고 땀을 닦으시라고 사두었던 나의 조그만 선물이었다.

한 사람의 백발 노인네가 운동장에 나오지 않았을 뿐인데 운동장 전체가 휑했다. 할머니의 퇴장은 그녀 혼자만의 퇴장이 아니었다. 그분과 평생을 함께해 왔던 할아버지의 역사적인 퇴장과 함께하는 퇴장이리라. 기나긴 전쟁과 외로운 싸움을 끝내신 노부부에게 후대인의 한 사람으로서 이 헌사를 바친다.

젊은 나에게 주는 조언

　어느 날 SNS에서 흥미로운 글을 보았다. 이름이 아브라함이라는 한 서양인이 쓴 '자신에게 보내는, 인생을 변화시킬 다섯 가지 충고'라는 글이었다. 젊은 날의 자기를 거울 앞에 불러 놓고 나이 먹은 지금의 자기가 조언을 들려주는 그 아이디어가 흥미로웠다. 잘 아는 자기에 대한 충고이기에 자기반성도 겸하게 되며, 결국은 과거와 지금의 모습을 동시에 반추하는 것이다. 과거와 현재 자기의 위치와 거리를 가늠할 수 있으며 미래의 자기에게 반영할 수 있으니 더욱더 의미 있어 보였다.
　마음속의 거울 앞에 선다. 거울 속에 비춰진 과거의 나는 단정하고 머리가 길고 얼굴이 포동포동하기까지 한 젊은 여성이다. 거울 속의 그를 바라보는 지금의 나는 머리는 푸석하고 주름진 얼굴의 반백 노파이다. 염색을 하지 않았다면 호호백발일 것이다. 그 그림만으로도 지금 나의 얼굴에 미소가 피어오른다. 풋풋하던 젊은 시절의 내가 있어서 오늘의 내가 있으며, 오늘 내가 누군가에게 마음놓고 조언할 수 있다니 고마워서이다.

지금의 나는 투명인간처럼 얼굴을 보이지 않으면서 예전의 나였던 거울 속의 젊은 나에게 말을 건다. 미래에서 보내는 젊은 날 너였던 내가 그때 알았으면 좋았을 충고들인데 들어 보렴.

젊은 시절엔 몰랐던 것, 소홀히 했던 것, 지금 보니 소중한 것들을 나이를 먹고 나서야 알게 되었구나. 그때 그걸 알았더라면 인생이 달라졌을 텐데…. 듣고 나서 '이게 뭐야, 혹은 별것도 아니군!' 하면서 피식 웃어도 좋다. 하지만 그 덕목은 지금의 내가 아직도 다 이루지 못한 덕목이고 지금이라도 이루려고 애쓰고 있는 덕목들이다. 변명이 될지언정 한 번은 예전의 나에게 들려주고 싶은 것들이다.

1. 청결과 정리정돈을 기본으로 하라
2. 음식 만들기를 잘 배워 둬라
3. 가족에게 사랑을 베풀어라
4. 도움이 필요한 사람들을 도와주어라
5. 검열을 멈춰라(Don't check).

'청결과 정리정돈을 기본으로 하라'와 '음식 만들기를 잘 배워

뒤라'는 1, 2의 조언은 내가 10대 때 잘 익혀 놓지 못한 것이다. 뿐만 아니라 지금도 내게 결핍이 느껴지는 부분으로서 전전긍긍 애쓰는 내 생활의 모습이다.

청결과 정리정돈, 그리고 요리하는 법을 배워 두라는 것은 가정 교육이 담당했어야 할 부분이다. 그러나 우리 부모님은 일제강점기에 혼인하신 후 해방과 6.25를 겪었다. 또 대가족을 부양하며 농촌에서 서울로 이주하고 사회생활의 고단함을 겪으면서 아이들을 학교에 보내는 것 외 가정에서 훈육하고 사회화시키는 데 여력이 없던 분이었다. '생존' 자체가 당면지사였고, 주위가 다 같이 못살던 그 시절에 내가 받은 가정 교육은 착하게 사는 부모를 보고 배우는 것 그것이 전부였다. 결손 가정이 아닌 것만으로도 나는 충분히 복을 받았다. 이 사실을 성인이 되어서야 알게 되었다.

부모님은 내가 철이 들지 않아 공부를 열심히 안 해도 야단치지 않으셨다. 정리정돈을 못 해도 그대로 두었다. 아마 내 천성이 게을렀을 수도 있다. 나는 음식이나 가사에 대해서도 호기심이나 취미가 없었다. 부모님도 내게 억지로 가르치지 않았다. 묵묵히 먹여 주고 입혀 주고 키워 줄 뿐이었다. 나는 불효스럽게도 중학교 입학시험에 떨어지고 부모가 넣어 주는 중학교에 들어가서 조금씩 정신을 차리기 시작했다. 고등학교를 원하던 학교로 간 뒤부터 부모님을 위해서가 아니라 내가 원하는 삶의 길을 걷기 시작했다. 내가 하고 싶은 대로, 내가 할 수 있는 것에 집중하는 독립적인 인간이 되어 갔다. 부모님께 감사드린다. 내 하고 싶은 대로 받아 주신 것, 어려서 조기 예능 교육은 물론 아무것도 가르치려 하지 않으셨기에 나의 재능 계발은 안 되었겠지만, 그 대신 나를 자연에 가까운 순수한 인간으로 살아갈 수 있게 해 주었다.

여자아이니까 엄격하게 대하면서 살림의 소양을 기른다든지 여자로서 어떤 틀에 넣지 않고 자유롭게 풀어 놓아 주셨던 것, 그리고 결혼 이후에 평생에 걸쳐서 부모님이 나를 도와주실 만한 모든 것을 도와주신 것 등이 모두 고맙다.

그러니 어릴 적 해결이 안 되었던 부분—청결과 정리정돈, 음식 만들기—은 여전히 나의 취약점이다. 하지만 무엇이 더 중요한지와 비교해 볼 때 기꺼이 자유시간이 나쁘지 않았다고 말하고 싶다. 지금의 시점에서 예전의 나에게 조언하건대 자네는 젊음의 한 부분을 청결과 정리정돈 및 음식 만들기를 기꺼이 배우고 시간을 투자해 봄이 어떨지. 젊은 날 그런 문제를 해결할 수 있다면 자네는 한참 나이가 든 후에도 살림도 사회생활도 조화롭게 잘 할 수 있을 것이며, 노후 생활도 훨씬 청결하고 윤택할 것이라고 말해 주고 싶다.

가족에게 사랑을 베풀어라. 3의 조언은 20대에 가정을 꾸린 이후 지금까지도 내게 제일 아쉬운 점이다. 살림 잘하지 못하는 것이야 내가 아니더라도 대신 도와줄 사람도 있고 가전제품이 도와줄 수 있지만, 가족 사랑은 참 쉽고도 어려운 일이다. 이미 세상을 뜨신 부모님께 상냥한 딸 노릇 못해 드린 것, 맏이면서도 형제들 사이에 다정다감한 누이 언니 노릇을 못 했던 것, 그리고 엄마로서 아내로서 좀 더 의식주 살림을 잘 챙기고 가족들에게 더 많이 봉사하지 못했다는 죄책감이 있다. 일하는 엄마라는 조건은 아이들에 대한 애정 표현과 의사소통 부족의 이유가 되지 못한다. 아이들을 민주적으로 키우고 독립심을 키워 준 것은 엄마의 공이 아니라, 아이들이 오롯이 저희의 힘으로 성취한 것이다. 지금의 나는 성인이 된 아이들에게 남매간에 사이좋게 잘 지내고, 저희 아이들과의 관계에서 부모의 뜻을 강요하지 말고 아이들의 의사와 능력을 존중하면서 아이들이 건강하고 맘껏 성장할 수 있도록 도와주라고 말한다. 사랑의 이름으로 집착하고 싸우지 말고, 사랑의 힘으로 존중하고 도와주라고 하고 싶다. 거울 속의 젊은 나에게 나는 결혼하고 가정을 이루는 것이 구속이 아니라, 가정은 네가 잠재력을 발휘할 사랑의 보금자리라는 점을 명심하라고 조언하는 것이다. 가정은 사랑이며 너의 잠재력을 발휘할 시작과 끝, 네 인생의 전부라고. 나이 먹어 보니 쓸쓸하고 외로운 늙은이로 혼자 남고 싶지 않은, 전에 몰랐던 욕망이 마음 한켠에 자리하고 있음을 알게 되었다.

   도움이 필요한 사람을 도와라. 4의 조언은 내 전공 사회복지와 직접 관련이 있는 말이다. 사회복지란 것이 상부상조하는 것이니 사회 구성원이 서로 돕고 사는 이치는 합당하다. 도움을 주는 것은 내가 도움이 필요할 때 받을 수 있는 저금과도 같다. 나라에서 받는 연금도 내가 낸 기여금이 있기에 필요할 때 받게 되는 이치와 같다. 도움이 필요한 사람을 도우라는 말은 사회복지와 같은 공식적인 제도를 말하는 것이 아니라, 생활 속의 보시를 말하는 것이다.

젊었을 때는 돈을 모으고 아이들을 위해 써야 하는 시기라서 기부라든지 보시의 여유도, 왜 돕고 살아야 하는지 생각할 여유도 빠듯하다. 하지만 중년이 되어 정신도 성숙해지고 살림도 안정되면서부터는 남을 돕는 것에 대해 진지하게 생각해야 한다. 반듯이 큰 도움이 아니어도 좋고 물질적인 도움이 아니어도 좋다. 나는 다행스럽게도 우리 부모님이 남을 돕는 일에 모범을 보인 분들이라서 어려운 사람을 돕는 것이 어떻게 하는 것인지 곁눈질할 수 있었고, 불교를 접하면서 보시의 공덕을 알게 되었다.

보시는 가까운 사람, 모르는 사람에게 도움을 주는 것, 서양에서는 관대하게 아량을 베푸는 것이라고 한다. 보시의 공덕이 얼마나 큰지는 보시가 육바라밀의 첫 번째 덕목임을 보아도 알 수 있다. 육바라밀은 고해와 같은 차안此岸에서 자유롭고 평화로운 피안彼岸의 열반으로 가는 데 필요한 여섯 가지 실천 덕목이다. 보시, 지계, 인욕, 정진, 선정, 지혜의 여섯 가지 중에서 보시가 첫 번째인 것은 보시를 해봄으로써 자비의 마음이 길러지기 때문이나. 웃는 얼굴, 부드러운 말 한마디, 따뜻한 위로, 내미는 손길, 그 무엇도 보시가 되며 보시를 통해 자비를 배우게 되는 것이다. 자비를 모르는 사람에겐 바른 지혜의 눈이 열리지 않는다고 하지 않는가.

 젊은 그대에게 바라는 것은 젊어서부터 남을 도와주는 연습이 필요하다는 점이다. 사회에 대한 관심, 주위의 어려운 사람들에 대한 십시일반은 작은 것부터, 쉬운 것부터, 가까운 것부터 연습하면 점차 큰 것, 어려운 일, 먼 데까지 넓혀 나갈 수 있다. 나이를 먹고 나면 노후의 남는 시간에 보시와 같은 남을 돕는 봉사활동을 할 수 있는 기회가 주어진다. 그런데도 봉사를 못 하는 것은 연습이 안 되었기 때문이다. 갈 때는 누구나 빈손으로 가기에 가졌던 모든 것을 가기 전에 평소에 나누고 살다가 가는 것이 잘 사는 길이다. 젊어서부터 그런 마음을 갖고 사는 것처럼 죽음에 대한 좋은 준비가 더 있으랴 싶다.

 검열을 멈춰라(Don't check). 5의 조언은 젊은 그대보다는 지금의 내게 절실한 조언이다. 늙은 내가 과거의 나를 빌려 지금의 나에게 하는 소리이다. 해외 포교의 큰 원력을 실천하셨던 우리나라 숭산崇山 대선사의 제자인 대봉 스님(계룡산 무상사 조실)의 말을 빌리면, 검열한다는 것은 영어로는 체크한다는 뜻인데, 마음속에서 좋아하는 것과 좋아하지 않는 것, 선과 악 따위를 판단하는 것이다. 우리는 자신이나 남을 가리지 않고 모든 것에 대해 자신의 잣대로 재단한다. 남의 일에 끼어들어 이러쿵저러쿵 자기 의견을 내고, 자기 기준으로 판단하며 분별하고 시비한다. 남의 일에 대해 알려고 하고 확인하려 한다. 신경을 쓰고 비교도 하고 의심도 한다. 참견하고 끼어든다. 감시하고 감독한다. 따지고 간

섭한다. 검열을 멈춰라는 것은 "네 할 일이나 잘하라."는 말이다. 섣부른 판단은 우리의 생각이고 속단일 뿐, 진실이 아니다. 우리는 자신과 남을 검열하면서 진실을 왜곡하기에 많은 고통을 만들어 낸다. 만일 진실을 원한다면 검열하지 말라, 남을 함부로 판단하지 말라는 것이다. 그러면 대안은 무엇인가. 그것은 바로 숭산 스님이 가르치시는 '오직 모를 뿐'(Only don't know)과 '오직 할 뿐'(Just do it), '방하착'(Put down all things, 또는 Let it go)이다. 모르기에 배울 수 있고, 오로지 할 뿐이기에 원하는 성공을 이룰 수 있으며, 비우기에 새것을 채울 수 있는 것이 아닐까.

위에 한 다섯 가지 조언을 거울 속의 한 젊은이에게 털어놓고 보니 예전의 나를 다시 만난 것을 기화로 그동안 아무에게도 털어놓지 못했던 넋두리를 한 것 같아서 미안했다. 하지만 한편으로는 시원했다. 그것은 과거를 빌려 지금의 나에게 하고 싶은 말을 하는 것이기 때문이다.

과거는 스승이고 현재는 나를 움직일 수 있는 주인공이다. 젊은 날의 삶과 현재가 된 노후의 삶을 동시에 반추해 보는 거울 연습을 통해서 우리가 변화시킬 수 있는 삶은 오로지 의식이 현존하는 여기 현재의 순간뿐이라는 각성이 크게 다가온다.

마지막 선물

구정 때까지만 해도 2020년 경자년은 다른 해와 다를 것 없는 희망의 해였다. 하지만 중국 우한발 코로나 사태의 발발과 우리나라 첫 감염자 발생으로 어수선한 한 해의 시작을 알렸다. 코로나19는 급속히 세계 유행으로 확산되어 수천만 명의 감염자와 수십만 명의 사망자가 발생하였다. 다행히 우리 한국은 의료진의 헌신과 의료 제도의 이점이 커서 코로나19를 잘 견뎌내고 있어 세계 많은 나라의 부러움을 사기도 했다. 방역 수칙을 잘 지키는 선진 시민 의식이 그 중심에 있었다.

하필 이런 시기에 어머니가 운명하셨다. 가정 내 보호가 어려운 상황이 되어 지난 3월 말 어머니를 남동생 집 동네에 있는 A시의 요양원으로 모신 지 꼭 백 일 만이었다. 전신 기력 쇠약으로 곡기를 끊으신 후 2~3일 계속된 혼침에서 깨어나지 못하셨다. 우리 형제는 어머니가 돌아가시기 전날 저녁 요양원의 연락을 받고 의식이 없는 어머니를 뵙고 온 것이 마지막이 되었다. 어머니는 다음날 이른 오전에 95세를 일기로 생을 마치셨다.

 우리는 상심할 짬도 없이 서울의 한 장례식장에서 삼일장으로 장례를 모셨다. 서울 근교의 추모공원, 새로운 유택에 먼저 가신 아버지와 합장해 드렸다. 어머니는 가시는 길에 코로나19의 불안 속에서 위축되어 집 안에만 있던 큰 사위인 나의 남편을 집 밖으로 끌어내 주셨다. 코로나19의 위협 속에 사람을 만나는 것에 불안을 느끼던 큰 사위가 많은 사람이 오가는 병원 장례식장에 나와 잘 견디게 해 주었고 식당에서 식사하거나 이야기를 나눠도 아무 일 없게 잘 보호해 주신 듯했다. 사람이 많은 곳에 있는 것을 불안해하던 남편은 아들딸도 오랜만에 밖에서 만나 점차 긴장을 풀고 영양 섭취 등 코치를 들으며 기분 전환을 하게 되었다. 특히 어머니 아버지 유택과 이웃으로 차제에 우리 부부가 갈 집도 정하고 보니 남편이나 나나 마음이 한결 편해졌다.

 어머니는 자식들에게 햇빛과 비처럼 골고루 사랑을 베풀어 주셨다. 어머니 혹은 할머니의 사랑으로부터 누구 하나 소외된 아이들이 없게 그 품이 넉넉하고 따뜻하였다. 우리 모두는 감사와 사랑의 마음을 담은 편지를 어머니의 수의 섶에 끼워 넣어 드리면서 가시는 여정을 배웅하였다. 형제들 중 맏이이고 장녀인 나도 어머니께 작별을 고하였다.

이제야 자유롭게 우리 곁을 떠나신 엄마. 엄마의 혼은 지금 우리를 보고 계시지요? 먼곳으로 가시는 엄마와 우리가 몸은 작별했지만, 엄마는 우리들 마음속에 그대로, 아니 더 가까이 계십니다. 영원히 그 자리에 그대로 계실 것입니다. 그래서 우리는 슬픔 속에 엄마의 몸은 떠나보내 드리지만 결코 헤어지는 것이 아니기에 통곡도 아니 하고 슬퍼서 몸부림도 하지 않고 어머니와 잠시 헤어집니다.

부디 극락에 왕생하시어 아미타 부처님 친견하시고 잘 살다 왔다 칭송받으소서. 오매불망 그리던 아버지와 만나 지상에 남겨 두었던 여한을 푸소서. 두고 간 우리 형제와 그 가족 권속들을 보살펴주소서. 너그럽게 품어 주시고 아낌없이 베풀어 주셨던 인자하신 어머니는 우리들만의 어머니가 아니라 세상의 어머니셨습니다. 이젠 우리 형제만의 어머니를 떠나 세상의 존경을 받으시고 편안한 세상에서 복락을 누리시기 두 손 모읍니다. 참 고마웠습니다. 참 따뜻했습니다. 사랑해요, 울 엄마. 진짜 영원히. 그러니 잘 가세요. 안녕히!

우리 형제는 묘비를 세우고 비문을 짓는데 열 명의 손자녀들이 참여하여 비문을 정하게 하고, 그 비용도 나누어 부담하게 했다. 최종으로 결정된 글은 "늘 우리 곁에 계세요. 고맙습니다. 사랑합니다."이다. 각자 비문을 지어 보면서 한 번 더 할머니의 사랑을 되새겼을 아이들에게 우리 형제는 3만 원 상당의 커피 모바일 쿠폰을 상으로 전달했다.

  어머니가 돌아가시면서 마지막 선물을 남기셨다. 주택연금을 받으며 사시던 집이 주택 실가격의 반 정도를 받아 쓰고 반 정도를 남긴 상태에서 집 시세가 최고일 때 쉽게 팔렸다. 어머니는 경제적으로 어려워하는 자식들이 숨 좀 쉬고 살라고 이 선물을 마지막으로 주고 가셨다. 어머니의 배려는 항상 옳지 않은가. 자식들이 맘 편히 살라고 그것까지 배려하셨을 것이고, 아버지 또한 어머니의 뜻을 알고 어머니를 때에 맞춰 데려가시지 않았나 싶다. 우리 형제는 진정을 다하여 할머니의 마지막을 끝까지 모신 손자녀 아이들에게 할머니의 마지막 선물로 각각 금일봉을 전하였다.

  어머니는 끝까지 우리 한 사람 한 사람 도와줄 일을 모두 도와주고 떠나셨다. 가시는 길이 홀가분하셨을 것 같다.

노년의 친구들

　노년의 삶에는 가족뿐 아니라 친구의 역할이 지대하다. 자녀가 중년이 되고 부모가 칠십이 넘게 되면 친구의 가치가 더 빛을 발한다. 물론 친구가 가족의 역할을 대체할 수는 없다. 한국인에게 가족이 영순위인 건 틀림없다. 하지만 친구가 매길 수 없는 가치를 갖는 것은 그들이 다른 데서 구할 수 없는 우정이라는 보약을 선사하기 때문이다.

　지금은 시대가 달라져서 예전처럼 단 한 명이라도 모든 비밀을 털어놓을 수 있는 절친한 친구를 필요로 하는 시대는 아니다. 어느 유명 가수가 TV에 나와서 친한 친구의 이름을 적어 보라 하니 조그만 종잇조각에 몇 자 적을 이름이 없다고 말하는 걸 들었다. 그에게는 친구는 적으니 대신 온라인이나 오프라인으로 지지하는 팬덤이 엄청나다. 팬덤이 친구를 대신한다.

오래전부터 알아 와 서로 공유할 수 있는 추억이 있고 우정을 쌓아 온 친구들은 SNS상의 친구방에서 만나 대화와 소통을 이어 간다. 대화방은 서로 과거와 현재와 미래를 이어 주는 끈이 되어 주고, 의지하며 살아갈 힘을 주는 원천이다. 활기를 뿜어 주는 분수이다. 톡방의 친구들은 실제 대면하지 않더라도 한 공간에 존재한다는 사실만으로도 어디서도 찾을 수 없는 응원군이다. 일상생활에서 상대의 일거수일투족뿐 아니라 세세한 감정까지 한눈에 파악하며 필요할 때 위로와 격려를 보낸다.

우리 친구들은 몇 년 전에 칠십 중반을 넘고 망팔望八에 이른 바 4차산업혁명 시대라는 거대한 격류를 건너는 중이다. 내년(2024)이면 고등학교 졸업 후 60년이 되는 친구들 30여 명이 일주일에 한 번 모교의 동창회관에 모여 한 시간 반 동안 6, 7천 보 이상 움직이는 라인댄스를 배우고 있다. 라인댄스 회원들은 온·오프라인 활동을 같이한다. 끼리끼리 모여 문예 감상, 사진 촬영, 봉사, 여타의 문화활동을 함께한다. 톡방은 음악실, 미술관, 영화관도 되고 인생 상담소, 병원이나 약국도 되며 물건을 사고파는 시장도 된다. 온갖 정보와 지식이 유통되고 소통이 이루어진다. 생활 정보 총판장 같다. 미국에 있는 수잔 정이라는 정신과 익사 친구는 유튜버가 되어서 그녀가 미국에서 40여 년간 치료했던 사례를 곁들여 각종 유용한 정신 건강에 관한 정보를 전달해 주고 있으며 상담에도 응하고 있다.

한 친구는 내가 퇴임 후 한 일 중 가장 잘한 것이 친구들의 라인댄스에 합류해서 몸을 움직이고 친구를 만나며 수다를 떠는 일이라고 한다. 버킷리스트 서너 개 중 제일 첫째 버킷리스트를 달성하고 잘 사는 현명한 친구이다. 나는 그녀의 말에 전적으로 동의한다. 정년 연령이 비교적 늦은 편이었던 직장 생활 때문에 만나지 못했던 친구들을 퇴직 후 온·오프로 동시에 만나 같이 활동한다는 것이 내겐 황금 같은 기회다.

늦게 합류한 탓도 있지만 라인댄스방에서 나는 몸치로 유명하다. 부끄러우니 어디 가서 라인댄스 10년 했다고 말하지 말라고 한다. 하지만 나는 개의치 않는다. 유연하게 몸을 움직이고 건강한 친구들에게서 얻는 정신적 활력이 최고다. 운동 후 친구들과 어울려서 밥도 먹고 차도 마시면서 수다를 떠는 사이 아직 글쓰기와 중국어 배우기 등 일거리를 놓지 않고 있는 데서 오는 나의 스트레스가 다 풀린다. 특히 예나 지금이나 여전히 살림에 미숙한 나 같은 사람은 '진국을 우려낼 대로 우려낸' 원숙한 노년의 친구들에게서 삶의 지혜와 기술을 무한 리필 받는다. 친구들은 손자녀를 돌보는 천사이기도 하다. 친구들의 모양을 다 뭉쳐 놓으면 위대한 하나의 큰바위 얼굴이다. 위인이 바로 친구들 가운데 있다. 오후 세 시경 모임을 파할 때 우리가 하는 소리가 있다. "이제 퇴근해야지."이다.

우리 라인댄스반이 속한 동기 동창 친구들은 일본 오사카로 졸업 55주년을 기념하는 해외여행을 다녀왔다. 그것으로 끝일

줄 알았는데, 특히 해외에 사는 동창들의 요청이 많아 2024년에 60주년 기념 여행이 준비되고 있다. 이번에는 국내 여행으로 고교 시절 수학 여행지였던 경주로 간다. 아마도 마지막이 될 것이라고 말은 하지만 또 모를 일이다. 걸을 수 있을 때까지는 여행을 해야 한다며 기회 있을 때마다 국내외로 부지런히 여행을 다니는 친구가 많기 때문이다.

친구를 통해서 노인의 '참여'와 '활동'이 얼마나 중요한지 알게 된다. 우리는 지금 여러 좋은 친구를 동시에 사귀고 우정을 더 깊고 더 넓게 키울 수 있는 시대에 살면서 사회 활동에 참여할 수 있으니 노년의 선물로 우정만 한 것이 없을 것 같다.

오늘도 좋은 날

 나는 '오늘도 좋은 날'이라는 인사를 좋아한다. 자신에게도, 다른 사람들에게도, 오늘도 좋은 날로 살아 보자고 축원祝願하는 마음을 담을 수 있어서이다.
 오늘 현재(present)라는 선물(present)은 잠시 머물다가 가버린다. 그 짧은 하루는 내가 통제할 수 있는 유일한 시간이고, 그 시간은 미래에 결실로 다가올 씨앗(원인)을 심을 수 있는 소중한 시간이다. 무엇과도 대체될 수 없는 절대적인 순간이다. 지나간 어제를 생각하며 만족스럽지 못하다고 화를 내거나 원망하며 자기 자신과 남에게 분노의 화살을 쏘아 댄다든지 아직 오지 않은 알지 못하는 미래에 대해 걱정하고 불안해 할 시간이 없다. 그래서 몸과 마음의 평화를 위해서 너무 많은 과거와 미래에 대한 생각을 내려놓고 오늘 지금에 마음을 집중하고 깨어 있으라고 영적 스승들이 가르친다.

　매일 맞이하는 오늘이 항상 좋을 리는 없다. 원치 않는 상황에 맞닥트리기도 하고 일이 악화될 수도 있다. 그럴 때 지금에 집중하고 깨어 있으면 고요한 가운데 당면한 눈앞의 문제를 제대로 보고 그에 맞게 대처할 수 있도록 지혜가 떠오른다. 할 수 없는 것에 대한 미련이나 집착 대신, 할 수 있는 현실적인 해결책을 찾는 데 도움이 된다. 어느덧 평상심이 돌아오면 안 좋았던 그 일이 되려 다음날 기쁨의 씨앗이 될 수 있다. '오늘도 좋은 날'의 기적을 불러들이는 이는 곧 자기 자신이라 하겠다.

　인도의 고대어인 범어梵語로 이 세계를 사바Sabha 세계라 하는데, '사바'란 인토, 감인토, 혹은 인계라 해서 고통을 참고 견디지 않고는 살아갈 수 없는 세계란 뜻이다. 그런 고해苦海에 사람의 몸을 받고 태어나는 것이 마치 눈먼 거북이가 천 년에 한 번 물 위로 올라와 구멍 뚫린 널빤지를 만나는 것과 같은 기적이라 하니 우리 인간이 대단한 존재가 아닐 수 없다. 그래서 인간으로 태어난다는 자체가 기적이고 살아 있는 오늘 하루가 우주의 가피인 것이다. 서로에게 빌어 주는 '오늘은 좋은 날'이란 인사야말로 각자를 지켜 주는 수호신을 부르는 기도이며 은혜에 대한 감사라 믿는다.

　내가 근래에 목격했던 감동적인 기적은 사돈집 애기의 탄생이다. 불임 부부로 치료를 받으며 아이를 가지려 온갖 고생을 다 했던 사돈집 새댁이 각고의 노력 끝에 마침내 아이를 낳았다. 기다리는 부모를 향해 아이가 제집에 오기까지 꼭 10년이 걸렸다. 남몰래 외롭고 긴 기다림과 싸웠을 산모에 대한 연민의 마음이 아직까지 사그러들지 않고 있다.

  나 자신도 최근 몇 년 사이 위험할 수 있는 상황에서 기적을 만났던 것 같다. 한 번은 지하철을 타러 가는 길에 승강장을 몇 발짝 앞두고 길거리에 대자로 넘어진 일이 있다. 다행스럽게 지닌 백팩이 나의 옆구리에서 나를 받쳐 주면서 몸이 바닥의 타일과 마찰하지 않게 공간을 만들어 주었다. 나는 기적적으로 아무 곳도 다치지 않았다. 또 한 번은 절에 갔다가 어스름 새벽녘 징검다리 내를 건너면서 물에 빠졌던 일이다. 마침 일행이 있었기에 그들이 곧바로 내게 손을 내밀어 나를 건져 올려 주었다. 앞뒤 좌우로 움직이는 마사이 운동화를 신고 가다가 몸의 중심을 잃으면서 생긴 일이었다. 나중에 보니 몇 군데 멍만 들었을 뿐 특별히 다친 데가 없었다. 이런 일들이 있고 나서 나는 한 걸음 한 걸음 조심하며 걷고 있고, 조고각하照顧脚下를 읊조리고 다닌다.

  크리스 프렌티스의 책《어떻게 흔들리지 않고 살 것인가》(판미동, 2015)에 "나에게 일어나는 모든 일은, 일어날 가능성이 있는 수많은 일 중 최상의 것이다."라는 구절이 있다. 작가가 그런 말을 한 데는 마약 중독자였던 아들이 치유 과정을 겪으면서 나약을 하는 근본적인 이유를 찾아냈고, 마침내 마약에서 벗어나게 되어 약물중독치료 센터를 세우고 많은 사람에게 도움을 주게 되었던 사연이 있었다. 저자는 아들이 마약에 중독된 시간이 없었다면 평생의 직업을 찾지 못했을 것이고, 치료 센터를 설립할 수 없었을 것이라고 했다. 즉 최악의 시간은 최상의 시간을 열어 주는 길이었고, 우주는 그들을 위해 찬란한 미래를 준비하고 있었다고 말했다.

프렌티스는 위기에 직면했을 때 대개 우리가 갖는 부적절한 전망 때문에 스트레스에 시달리거나 섣불리 좌절하여 불행을 자초한다고 말한다. 이를 방지하기 위해서는 "우리가 바로 우주이자 그 일부이며, 우주는 언제나 자기에게 최대한 이익이 되는 일만 하고 오직 좋은 결과만 바란다는 법칙을 이해해야 한다. 즉 다가올 행복한 미래를 맞이할 준비를 해야 한다는 것이다." 이는 목표를 달성하기 위해 애쓰고 해답을 찾으려는 노력이 자신의 현재 삶을 이끌어 주는 길이 되며 바로 그 길을 통해 진실을 발견하고 자신의 운명을 결정하게 된다는 의미이다. 고통과 불행에 휩쓸리기 쉬운 현대인에게 이 책은 독자로 하여금 지금 나에게 일어나는 사건을 바라보는 관점을 근본적으로 바꾸어 인생의 전환점을 마련하라고 조언한다.

오늘도 좋은 날!

살아 계신 모델

장수 사회의 아이콘이 된 철학자 김형석 교수는 우리 사회에 노년 생활은 어떠해야 한다는 나침반 하나를 선물했다. 그 핵심이 인생의 황금기는 60부터 75세까지이며, 그 기간에는 하고 싶은 일을 맘껏 하고 사랑하라는 것이다. 노철학자의 말이요, 자신이 직접 입증해 보이는 현실이기에 많은 사람이 호응하니 어느덧 우리 사회에 바람직한 노년 생활의 기준이 세워진 것 같다. 그 황금 기간이나 그 이후의 삶에 대해서 노 교수는 삶의 목적이 자신도 돕고 남도 돕는 것이어야 하며, 그것이 바로 사랑이고 행복이라고 했다. 허투루 흘려버릴 말이 아니다. 그동안 이론적으로나 경험적으로 온갖 노인 복지론에 나왔던 내용을 몇 마디 쉬운 말로 일시에 대체하는 세기적인 멘토이다.

김형석 교수님이 남성 모델이라면, 나는 디자이너 노라노(본명 노명자) 여사를 여성 모델로 꼽고 싶다. 2011년 대학에서 정년퇴임할 때 나는 그분의 옷을 입고 고별 강의 무대에 섰다. 그분은 당시 83세, 그분의 정신을 전하고 싶었기 때문이었다. 그분은 고령 사회를 지혜롭게 살아가는 방법을 보여 주신 모델이었다. 당시 그분께 여쭙고 들었던 몇 마디를 여기에 옮겨 본다.

— 83세이신데 변함없이 건강하고 아름답게 사시는 비결은 무엇입니까?

"욕심을 버리는 것! 욕심을 버리면 됩니다. 퇴임한 사람들이 고급 식당에나 돌아다니며 놀기만 하는 것은 크게 잘못됐어요. 노인들의 삼분의 일만이라도 봉사를 했으면 좋겠습니다. 통계적으로 보면 지식인이 늙으면 치매에 제일 많이 걸리죠. 일을 안 해서 그렇습니다."

— 이렇게 연세 드시도록 일하시니까 어떤 점이 좋으신가요?

"지혜가 생기는 것! 사람은 나이를 먹고 오래 살아야 지혜가 무엇인지 알게 됩니다. 80이 넘어야 철이 들지요."

— 살아 보니까 인생에서 최고의 가치는 무엇이라고 생각하시는지요?

"사람을 사랑하는 것. 용서하고 사랑하는 것이 제일입니다. 20대에 어떤 손님이 오면 하루 종일 마음이 쓰이고 안 좋던 일이 있었는데 그런 자세로 어떻게 일생을 살겠느냐고 태도를 확 바꾸었습니다. 그러니 그 다음부터 싫은 사람이 없어요. 결점이 있는 대로 사람들을 좋아하니 사람들도 다 나를 좋아해요."

— 신앙을 가지고 계신지요?

"가톨릭!"

— 언제부터 신앙을 가지셨나요?

"15년 정도! 지나간 날을 돌아보니 다 내가 한 것이 아니고 성모님께서 다 돌보아 주신 덕이었습니다. 감사한 일입니다. 감사를 모르는 사람은 불행한 사람입니다."

— 70대에 귀의하신 것이네요?

"그렇지요."

— 언제 은퇴하실 계획이 있으신지요?

"은퇴를 안 할 수도 있고, 꼭 하고 싶은 일이 있어서 은퇴를 할 수도 있구요."

— 어떤 일을 하고 싶으신가요?

"사회 고발 픽션을 쓰고 싶습니다. 원리원칙대로 살아온 사람으로서 내가 겪은 이야기가 다 사회 고발입니다. 이해가 안 되는 게 너무 많아요. 아부해야 사는 사회이고, 인격자도 예외가 아니어서 다들 아부하고 살아요. 왜 그런가 하고 평소 의문을 가져왔는데 그 답을 알았습니다. 그래서 그 이유를 이제부터 쓰고 싶습니다. 먼저 신문에 연재했던 글도 사실은 10년 동안 써 왔던 것들이었는데, 픽션을 쓰려면 한 3년 정도 풀타임 시간이 필요할 것입니다."

우리들이 그동안 살아온 결과는 앞으로의 노후 생활에 원인이 되겠고, 또 어떤 새로운 원인을 심을지는 각자의 몫이겠지만, 김형석 교수님과 노라노 여사와 같이 자리이타의 삶을 사시는 분들은 노후의 삶을 두려워할 필요가 없다는 믿음을 주시니 정말 고마운 분이 아닐 수 없다. 이끌어 주는 분들이 계신다는 것이 얼마나 마음 든든한 일인지는 아마 나이에 따라서 받아들이는 것이 다를 수 있을 것이다.

해마다 소비 트렌드라는 이름으로 새로운 낱말을 만들어 내는 서울대의 김난도 교수는 2020년의 소비 트렌드로 '업글 인간'이란 용어를 선보였다. 업글 인간은, '성공보다 성장을 추구하는 자기 계발형 인간'인데 그런 인간형이 2020년 새해에 주목을 받을 것이라 예측했다. 어느 연령층에도 마찬가지겠지만 노인에게는 잘 듣고 실천하면 좋을 반가운 소식이라고 생각한다. 만약 노인들이 업그레이드를 원하기만 한다면, 김형석 교수와 노라노 여사와 같은 분들이 저쪽에서 우리를 안내해 줄 것이다. 그동안 하고 싶었는데 못 했던 일, 배우고 싶은 공부, 취미와 사회봉사 등 할 일을 찾아서 맘껏 해보려고 하는데 그 마지막 기회를 잃어서야 되겠는가. 더군다나 노년은 혼자 가는 길이 아니라 함께 가는 친구가 많이 있다. 평생지기인 친구들이 안성맞춤 업그레이드 학교가 되어 주고 서로가 서로에게 맞춤 교사가 되어 줄 수 있다.

그들은 비난도 따돌림도 없고 성적을 매기지도 않는 자유 학교의 무료 교사이다. 교사는 학생의 기쁨이 목표이고 학교는 규율이 자율인 지상 최고의 학교라면, 그곳에서는 바로 자비와 지혜가 샘처럼 솟아오를 것이다.

늙으면 병들고 죽는다는 사실만 잊지 않는다면 노년 시대는 OK이다.

에고의 적들

대학 초년생 때, 나는 "실존이 본질에 앞선다."라고 했던 장 폴 사르트르의 실존주의에 심취했다. '본질'이 무엇인지 알지도 못한 채 무턱대고 실존(존재)을 맹신했으니 반쪽도 안 되는 실존주의에 빠진 셈이다. 허무맹랑한 일이 아닐 수 없다. 당시 나는 다른 선택이 없다고 생각했다. 내가 접했던 어설픈 실존주의의 기치는 신에 대한 맹신이나 의존이 아닌 개인의 책임과 선택에 의한 독립과 자유였다. 나는 마치 혼자 원하는 것을 다 할 수 있다는 듯 의지를 불태우며 젊은 시절을 활기차게 보낼 수 있었다. 그것은 거품 가득한 열정에 다름 아니었다. 꿈속의 일이거나 깨지 못한 환상이었다. 하지만 지금에 와서는 그나마 그것이 있어서 내 이후 인생길을 '자유'와 동반하게 해 준 것 같아 고맙기만

하다. 그 연장선상에서 나는 중년 이후까지 비교적 남으로부터 자유를 침범당하지 않은 채 나름대로 자유롭게 살았던 것 같다. 주위 일에 신경을 끄고 오로지 직진하며 욕망에 충실한 길을 걸었다고 할까. 급변하는 사회 속에서 현실 참여는 차치하고 개인적인 책임의 한계도 자의로 좁혀 놓고 게으름을 즐기면서 살아왔다. 게으름이 어디 즐기기만 할 일이던가. 하지만 나는 지금 괜찮다. 50대 초반, 불교에 입문한 후에야 비로소 잊어버린 채 팽개쳐 두었던 본질을 돌아보며 나날이 반성하고 고치며 살려고 노력하고 있기 때문이다. 그동안 잊고 살았던 반쪽 '본질'의 존재는 이제 보니 내가 실존주의에 취해 있던 그때도 온전히 거기 있었고, 지금도 온전히 여기 있다. 변하지 않았다. 단지 그때 그것을 몰랐을 뿐이고, 지금은 '실존과 본질은 둘이 아니다'는 것을 알았을 뿐이다. 눈 깜짝할 사이 어느덧 노년에 접어든 나는 지금 젊을 때의 자유와 달리 생명의 본질 속에 오롯이 담겨 있는 열반涅槃이라는 대자유를 만나고자 욕망의 길을 계속 갈 뿐이다.

욕망은 인간이 원초적으로 가지고 태어나는 생명력이며 생존에 필요한 용기이다. 인간으로 태어나고자 하는 욕망과 용기로 어머니의 몸에 의지하고 세상에 나온 아기는 부모의 사랑과 보호로 성장해 나간다. 아기는 점차 주위 환경과 상호작용을 넓혀 가며 가져야 할 것을 가지는 욕구, 존재에 대한 욕구, 그리고 관계에 대한 욕구 속에서 개아個我로서 자아를 확립해 나간다.

심리학자 에이브러햄 매슬로우는 인간의 욕구를 5단계의 피라

미드 형으로 제시하였다. 기초적 욕구로 생리적 욕구와 안전에 대한 욕구를, 그리고 성장과 발달에 필수적인 다음 단계의 욕구로 애정과 소속에 대한 욕구와 존중의 욕구를, 그리고 마지막 최상의 욕구로 자아실현의 욕구를 들었다. 그의 욕구 모델은 차례로 단계를 밟아 올라간다는 이론이다. 앞의 욕구가 먼저 충족되지 않으면 다음 단계의 욕구로 올라갈 수 없다고 하는, 다소 경직된 모델이지만, 그 과정이 어떠하든 개인의 타고난 모든 잠재력을 실현하려는 최상의 욕구인 자기실현의 욕구가 충족될 때 비로소 '자기가 없는' 대자유를 맛볼 수 있음을 알려 준다.

미국에 사는 친구가 《누구에게나 마음의 병이 있다》(대동 필드, 2021)는 책을 펴냈다. 제목 밑에 정신과 의사가 본 우리 사회의 심리적 문제란 부제가 붙어 있다. 40여 년간 미국에서 정신과 의사로 살다가 은퇴한 후 저술이나 강연, 신문칼럼 기고 등으로 봉사의 길을 이어가는 친구이다. 그녀는 자신이 아버지로부터 유전된 증상을 가지고 있었고 그것이 자녀에게 상속되었던 이야기를 털어놓아 부모의 역할과 환경이 자녀에게 얼마나 큰 영향을 주는지를 환기해 주었다. 책은 알고 보니 저자가 20년 전에 썼던 내용이 지금의 현실과도 다를 바가 거의 없다고 출판사에서 재출판한 것이었다. 친구는 '정신과'라고 하면 '미친 사람'이나 가는 곳으로 알고 무서워하는 한국 이민자들이 조금이라도 마음을 열 수 있게 한다면 책의 목적은 달성하는 것이라 했다.

문득 숭산 선사의 일화가 떠오른다. 미국에서 포교를 시작할 무렵, 숭산 스님은 출가를 결심한 미국인 젊은이의 부모를 만나게 된다. 학부모에게서 시험을 당하는 자리였다. 그때 그 부부와 나눈 대화다.

"당신은 세일즈맨인가?"

"그렇다. 나는 사랑과 자비를 파는 세일즈맨이다."

"무엇이 미친 것인가?"

"집착이 크면 크게 미친 것이고, 집착이 적으면 적게 미친 것이고, 집착이 없으면 미치지 않은 것이다."

이런 대화 끝에 부부는 숭산 스님이 건전한 선수행자임을 믿게 되고 20대 장남의 출가를 허락했다고 한다. 부모가 허락하지 않는다고 출가를 포기했을 대봉 스님(현재 계룡산 무상사 조실)도 아니지만, 어느 부모인들 생판 낯선 동양인 스님에게 아들을 '빼앗기고' 싶어 했을 것인가. 아들에 대한 어머니의 평생 이어진 집착은 변하지 않았다. 92세에 돌아가신 어머니는 그 전해에 병상에서 아들에게 "넌 그때 하버드에 갔어야 했어."라며 마지막 통박을 주었다고 한다. 유머가 넘치는 대봉 스님은 "하버드는 어머니가 가셨더라면 좋았을 것"이라며 마지막 공을 어머니에게 넘겼다고 한다. 어머니는 아마 하버드를 나오고 숭산 스님에게 출가한 현각 스님 얘기를 모르지 않았을 것이다.

"부처가 무엇입니까?"

"부처는 곧 마음이다(心卽佛)."

8세기 중국의 마조도일 스님이 제자와 나눈 문답은 우리의 평상심平常心이 곧 도이며, 마음 밖에 부처가 있지 않음을 가르친다. 평상심이 도이고 마음이 곧 부처라면, 깨달은 이 부처[覺者]가 깨달음 이후 처음 가르친 거룩한 네 가지 진리인 사성제四聖諦는 일상생활 속의 마음 안에서 자라는 고통의 뿌리를 잘라낼 수 있는 바른길이 있으며, 그 결과 고통으로부터 영원히 자유로울 수 있다는 것이다. 고통을 제거하는 지름길은 그 뿌리인 탐욕, 진에, 무지, 오만과 질투 등 다섯 가지의 독을 해독解毒하는 것이다. 사성제의 이론적 바탕은 이러한 진리를 모르는 무지를 지혜로 대치하는, '색즉시공 공즉시색'의 공사상이다. 공사상은 존재의 특성이 제행무상諸行無常, 제법무아諸法無我, 열반적정涅槃寂靜임을 가르친다. 공사상이 바로 불교의 핵심이고 고통을 치유하는 묘약이다.

　기독교 영화 〈산상수훈〉으로 세계적인 인정을 받고 있는 우리나라의 대해 스님은 공사상을 아주 쉽게 설명한다. 대해 스님은 우리가 마음대로, 마음먹은 대로 무엇이든 할 수 있다고 말한다. 우리의 본질(본성, 불성의 같은 이름) 자리가 공하기 때문에 거기서 나타나는 현상[색]은 백 가지 색과 형상으로 나투지만[白], 그것이 일어나는 절대적인 본바탕[中]인 본성, 본질은 원래 몸[體]이 없이 텅 비어 있어서, 본바탕에 의지하는 한 물질과 정신[色空], 현상과 본질, 상대와 절대가 둘이 아니라는 가르침이다. 삼라만상의 어떤 현상도 다 거기에서 나오는 것이며, 또한 나 들어갈 수 있기에 현상과 본질은 둘이 아닌 하나라는 것이다. 불교의 불이不二사상은 공으로부터 시작하고 공으로 귀결된다. 진공묘유眞空妙有이다. 스님이 만든 영화는 결국은 하느님과 하느님의 형상대로 지어졌다는 인간을 하나로 통합한 불이 영화인 셈이다. 그것이 기독교가 되었든 다른 종교이든 스님에게는 상관없다. 본질은 원래 청정하고 텅 비어 있으며 모든 것이 구족되어 있는 완전한 자리이다. 그 완전함을 믿고 거기에 모든 근심, 걱정, 문제, 소원을 맡기면 되지 않는 일이 없기에 영화도 그렇게 만들었다는 것이다. 본질 속에서 자연스럽게 지혜가 솟아나고 지혜가 생기면 할 일이 저절로 생기고 이루어진다는 예가 되었다고 한다.

지혜로워지면 피안彼岸으로 건너가게 되는데 이것을 모르니 너와 나를 구분하고 비교하니 오만과 질투가 따르고, 욕심을 내어 구하는 것을 얻을 수 없으면 화를 내고 혐오하며 스스로 고통 속에 빠지는 것이 중생이다. 대해 스님은 원래 중생과 부처가 둘이 아닌데 어리석은 중생이 오염에 둘러싸여 있는 자아에 눈이 멀어 진실을 보지 못하고 자유로운 열반의 세계에 이르지 못하고 있다면서, 우리는 이미 깨달아 있는 존재인데 눈이 어두워서 그것을 보지 못하고 있으니 자기가 죽었다 생각하고 오로지 공부한 길에 매진하라고 하였다. 현상의 뿌리가 본질이고 본질이 현상과 하나라는 것을 알지 못하고, 나타나는 현상에 집착하여 그것이 옳으니 그르니 분별하며 다투거나 시간을 낭비하지 말라는 귀한 가르침이다.

공부하는 방법의 하나로 미국 캘리포니아에서 다르마타 Dharmata라는 단체를 만들어 법을 펴고 있는 티베트 출생 아남 툽텐 린포체는 내 안의 자아를 살펴보라고 한다. 우리는 내 안의 부처를 보기 전에 그것을 방해하는 마음속 또 다른 마음과의 싸움에 먼저 부딪친다. 우리가 '나'라고 이름 지어 놓고 부르는 나인 '자아' 속에는 본성에 가까이 가는 것을 막거나 가는 길을 오염시키는 내부의 적이 곳곳에 포진하고 있다. 다섯 가지의 독이 그 대장들이며 거기서 수많은 적이 파생된다. 에고는 욕망에 사로잡혀 있다.

프로이트 심리학에 익숙한 서양에서는 개인주의의 발달에 에고의 기능이 지대한 역할을 하였다. 현실을 판단하고 분석하며 자기를 방어하는 것을 에고의 1차적 기능으로 파악한다. 원초적 충동인 이드와 도덕과 금기를 관장하는 슈퍼에고 사이에서 에고는 이성적으로 인식하고 계산적으로 사고하는 정신 작용이다. 강할수록, 민첩할수록 합리적이고, 논리적일수록 그런 에고를 가진 사람을 두고 '적응을 잘한다, 성공했다'라고 한다. 그래서 서양에서는 에고의 강화를 통해서 개인의 힘을 증강시키는 능력강화를 바람직하게 여긴다.

동양의 불교 심리학은 프로이트의 그러한 에고의 기능을 병리적인 것으로 본다. 원래 에고에 변하지 않는 자성自性이나 어떤 실체가 있는 것이 아닌데 오독五毒이 날뛰며 번뇌와 망상의 오염에 싸인 임시 가짜 에고가 튀어나와서 주인 노릇을 한다는 것이다. 오독은 서로 영향을 미치며 고통을 극대화한다.

아남 툽텐 린포체는 에고 속에 가득 들어 있는 내면의 적을 물리치는 것이 열반적정(해방, 자유)에 이르는 지름길이라고 말한다. 에고 속의 번뇌와 망상으로 고통을 무시하거나 피하지 않고 직면하는 것이 가장 빨리 도의 길에 합류하는 것이라면서. 우리가 아는 가장 유명한 인간 내면의 적은 마라Mara라고 했다. 부처님이 보리수 아래서 깨달음에 이르기 직전에 무찔러야 했던 마지막 도전이 마라의 유혹과 방해였다. 그 유혹을 흔들림 없이 물리쳤기에 부처님은 궁극적인 진리를 깨달을 수 있었다. 그때 마음속의 적을 무찌르고 도전할 용기나 힘이 없었다면, 부처님의 오랜 수행도 빛을 보지 못했을 것이다. 마라는 죽음의 신, 애욕의 신 까마Kama의 표현이기도 하고 욕망과 정욕을 나타내기도 한다. 또 다른 적은 데몬demon들이다. 악령, 악마, 귀신이라 불리는, 마음을 괴롭히는 것들이다. 모두 실체가 아니라 은유이다.

11세기 고대 티베트에서 여성 수행자 마칙 랍된에 의해 시작된 '쬐' 수행에는 마라, 데몬 등 우리가 마음속에서 무서워하는 존재들을 어떻게 다룰 것인지가 자세히 묘사되어 있다. '쬐Chöd'란 티베트어로 '자르다'는 뜻이다. 악마를 무서워하거나 피하지 않고 자비와 연민으로 성스러운 불보살, 스승들이 모인 자리에 초대하여 아름다운 춤과 음악과 맛있는 음식을 공양함으로써 적이 감화를 받고 스스로 용해되어 허공 속으로 자취 없이 사라지게 하는 의식이다. 물론 관상觀想 속의 일이지만, 그렇게 함으로써 마음속을 점령하고 있고 수시로 뛰쳐나와 에고의 주인 행세를 하려는 내면의 적을 스스로 물러나게 한다.

에고 속의 나의 적은 수없이 많다. 게으름과 열등의식을 비롯해 헛된 명성을 바란다든지, 내 생각이 옳다는 고집, 나와 의견이 다른 사람을 진심으로 존경하지 않는 허물이 내 안에 가득했다. 가족원으로서 자상하게 식구들을 돌보지 못했으며, 생각의 노예가 되어 번뇌로 시간을 낭비했다. 내 안의 이런 적은 나를 미혹으로 이끌 뿐 아니라 내가 지혜의 빛으로 다가가지 못하게 방해했을 것이다. 낮에는 해야 할 일을 미뤄두고 게으르게 살았으며, 밤에는 악몽을 자주 꾸었고, 꿈속에서는 누군가를 야단치며 일장연설을 하는 장면이 빈번하게 나타났다. 준비되지 않은 죽음에 대한 불안, 그리고 남들에게 도움이 되는 삶을 살아야겠다는 욕구에 비해 행동이 따르지 않은 것 등 그 많은 허물을 어찌 다 해결하고 갈 수 있을는지….

오늘 이 글을 마치면서 마치 버킷 리스트처럼 떠오른 욕망을 적어본다. 첫째, 책을 실컷 읽고 싶다. 둘째, 산책에 나서 걷기를 계속하고 싶다. 셋째, 취미가 된 외국어 공부를 열심히 하고 싶다. 넷째, TV나 SNS에서 가르쳐 주는 간단한 운동을 매일 조금씩이라도 하고 싶다. 글은 쓰고 싶지 않다고 남편에게 말했다. 그도 찬성하는지 별말이 없더니 나의 다섯 번째로 할 일을 대신 일러 준다. 내가 고기를 잘 먹으려 하지 않는데 노인네가 근육이 빠지면 힘을 못 쓰게 되니 고기를 먹으라고 한다. 그래야겠다. 내가 지금 간절히 욕망하는 대자유를 맛보기 위해서라도.

2부
산책과 명상

생각

"제발 생각 좀 하고 살아라."
"제발 생각 좀 그만하고 살아라."
"제발 생각 좀 내려놓고 살아라."

이는 늘 나 자신에게 하는 말이다. 그 답을 좇아서 하루하루를 사는 것이 내 일상의 과제이다. 이 말은 또한 고맙게도 우리나라에서 티베트 명상을 지도하는 용수 스님의 단골 주제이기도 하다. 용수 스님은 "어려움이 있다고 하면 자기를 집착해서 있는 것이고, 자기 집착은 생각을 믿고 따라가는 것"이라며 "생각을 따라가지 않으면 고통이 없고, 생각을 버리는 것 말고는 해탈이 없으며, 매 순간 간단하고 명료하고 몰라도 되는 마음을 유지하면 된다."고 역설한다.

데카르트는 "인간은 사유한다, 고로 인간은 존재한다."라고 하면서 중세의 신으로부터 인간을 분리하고 독립한 인간의 주체성을 선포하였다. 생각, 즉 사유 자체가 인간의 존재 그 자체라는 관점이다. 사유 없는 인간은 존재하지 않는 바와 다름없다는 뜻이다. 데카르트의 존재론은 서양의 과학주의 관점과 기계적으로 인간을 보는 경향이 있다. 인간의 세세한 마음과 생각을 살펴보지 못하기에 정신주의를 내세우는 동양 문명의 입장에서 보면 비판의 대상이 된다.

동양 문명의 입장에서는 '사(思, 생각)'는 한자로 '밭 전田' 밑에 '마음 심心'을 썼으니, 농부가 농사일에 전념하는 형상이다. 또한 '생각 념念'은 '이제 금今'에 '마음 심心'을 두고 있으니 지금 여기에 현존現存하는 모습이다. 지금 여기에 현존한다 함은 오로지 지금 여기에 일념一念으로 전념專念하여 펼쳐진 의식 세계의 실상을 바르게 의식한다는 것이다. 지금 여기 단 한 번뿐인 일기일회一期一會를 놓치지 않는다는 뜻이리라. '일체유심조'라 하듯 일체는 마음 먹기에 달려 있고 깨달을 시간은 늘 있다는 말이 아닌가.

생각하는 마음의 위력은 참으로 크다. 기원전 5, 6세기에 인도 농경사회에서 밭의 작은 벌레를 새가 잡아먹는 먹이 사슬을 목도하며 슬픔에 빠졌던 샤카족의 왕자 고우타마는 장성하여 인간이 생로병사의 고통에서 벗어날 길을 찾기 위해 왕궁을 나서 사문이 되었다. 그는 고행과 명상을 통해 마침내 길을 찾아 깨달은 자(覺者, 모니)가 되었고 석가 가문의 깨달은 자라 하여 석가모니라 불리게 되었다.

생각 하나로 부처가 태어났고, 부처가 남으로써 열반의 자유 세계가 열렸다. 석가모니는 지혜롭지 못한 생각 및 생각에 대한 집착執着이 고통의 원인이라고 했다. 그러니 '생각 좀 하고 살아라'는 첫째 문장은 지혜를 바탕으로 생각하고 행동하며 살라는 뜻으로 받아들이면 될 것 같다. 바른 지혜[正見]로 보고 바르게 사유하며[正思] 살라는 것이니 어리석은 생각을 키우지 말라는 가르침이다. 최고의 지혜는 모든 존재의 속성을 있는 그대로 무상無常, 고苦, 무아無我라고 깨닫는 것이다. 무릇 생명이 있거나 없거나 모든 존재는 조건에 따라 변하는 연기적 존재로 항상恒常하는 것이 없으며, '자기'라는 것도 변하지 않는 실체가 따로 없는 공한 존재임에도 무지하여 자아의 탐·진·치가 고통의 원인이라는 것을 모른다. 이러한 깨달음은 누구나 머리로 알 수 있지만, 행동의 기반이 되는 지혜를 배워서 알고, 사유하고, 몸소 수행해서 행동으로 보이는 문사수聞思修를 체화해야 비로소 얻을 수 있는 일이다.

'생각 좀 그만하고 살아라.'라는 두 번째 문장은 쓸데없는 생각이 너무 많은 데다 그 생각에 빠져 있거나 집착하는 경우에 듣는 말이다. 생각이 많다는 것은 공상, 환상, 번뇌가 많다는 말이고 집착의 테두리에서 벗어나지 못하고 있다는 말이다. 집착은 '나'라는 에고의 자동화된 생각에 사로잡혀 눈앞에 펼쳐져 있는 실상(마음의 본성, 불성)을 바로 보지 못하게 막아 버린다. 바로 고통의 원인이다.

'생각 좀 내려놓고 살아라.'는 마지막 문장은 지혜롭지 못한 생각, 쓸데없는 생각은 내려놓고 생각을 쉬게 하라는 말이다. 바른 지견(정견), 바른 사유(정사)에 그치지 않고 마음을 바르게 다잡아[正念] 궁극적인 자유와 행복[正定]을 찾아가는 바른길을 제시하는 것이다. 바로 우리나라의 참선, 중국의 챈, 일본의 젠, 동남아시아의 위빠사나, 티베트의 명상 들이 그 방법을 가르쳐 준다. 표현은 달라도 뜻은 다 같다. 생각의 주체이며 주동자인 에고에 끌려다니지 말고 에고를 쉬게 놔두면 일이 저절로 풀린다는 말이다. 하지만 에고 덩어리인 인간이 오랜 습관에서 벗어나는 것이 쉬울 리가 없다.

하루의 생활도 아침의 첫 생각이 어땠느냐에 따라 어제와 다른 하루가 된다. 생각은 낮 동안의 백일몽만으로도 부족하여 잠을 자면서 꿈속에서까지 이어진다. 낮과 밤 온종일 그 사람이 사용한 생각의 누적된 결과는 그 사람의 인생 총량과 같다. 그러면 어떻게 생각을 붙들지 않고 내려놓을 수 있을까[放下着]가 관건이다.

티베트의 명상에 '생각 명상'이라는 것이 있다. 생각이라는 것이 흘러가는 구름 같고 지나가는 파도 같아서 일시적인 현상일 뿐이라는 것을 알아차리고 진정한 본질은 하늘과 같고 바다와 같으니 구름이나 파도를 따라가지 말라고 한다. 아 생각이 들어왔구나. 또 만났구나. 너를 보니 반갑구나. 그래, 너를 배척하지 않을게, 라고 하면서 그 생각을 바라보며 그 생각과 친구를 해 주면 구름이 흘러가듯이 파도가 그치듯이 어느새 생각이 저절로 사라진다고 한다. 그것을 알아차리는 것이 바로 명상, 정념正念, 정려靜慮라고 한다. 내 몸과 마음이 깨어나면서 무엇이 일어나는지를 순간순간 알아차리는 것이다. 알아차리는 순간(현존) 고통의 원인은 특별히 노력하지 않아도 소멸된다.

설거지를 할 때 물을 틀고 그릇을 씻으면서 물소리, 그릇이 내는 소리, 손의 감촉, 나의 자세 등에 온몸과 마음을 맡긴다. 잡념은 사라지고 마음은 오롯이 설거지하는 일에 모아진다. 설거지와 마음이 하나가 된다. 그것이 알아차림이고 마음챙김이다. 명상은 티베트어로 '곰'이라 하는데, 그 뜻이 '친숙해지다'이다. 일어나는 느낌 감각 생각을 있는 대로, 오는 대로 바로바로 알아차리고 바라봄으로써 그 느낌 감각 생각을 내려놓게 된다고 한다. 이것을 '렛고let go 명상'이라고도 한다. 반드시 방석 위에 앉아 좌선하지 않아도 행주좌와 모든 깨어 있는 시간에 자신의 몸과 마음 속에서 순간순간 무엇이 일어나는가를 알아차리는 것이 명상이다.

용수 스님은 "생각을 다루는 것이 명상의 진수"라 하며 명상과 육바라밀의 실천을 간결하게 설명한다. 육바라밀이란 보시, 지계, 인욕, 정진, 선정, 지혜로 차안의 번연을 끊고 피안의 열반에 이르는 데 필요한 여섯 가지 실천 덕목이다. 일체 생각에 집착하지 않는 것이 보시布施, 생각을 따라가시 않는 것이 지계持戒, 올라오는 생각을 내려놓는 것이 인욕忍辱, 끊임없이 생각을 버리는 것이 정진精進, 생각을 다스리는 것이 선정禪定, 그리고 생각 없는 명료한 마음자리가 지혜智慧이다.

미국 출신으로 유명한 작가이자 명상 수행자인 뻬마 최돈의 말이 상기된다. "당신이 지금 어떻게 해야만 한다고 생각 중이라면 그 생각을 놓아 버리고 그냥 (방석에) 앉으시오."

당신의 멘토는

 봄은 봄이라서, 여름은 여름이라서, 가을은 가을이라서, 또 겨울은 겨울이라서 사람들은 휴가를 가고 산천의 아름다움을 찾아 야외로 나들이를 한다. 일과 일 사이에 알맞은 휴식을 취하는 것이 여가(餘暇)이니 여가란 한가한 쉼이긴 하지만, 다음 일을 위해 필요한 에너지를 충전하는 또 하나의 일이라 할 수 있다. 그래서 여가를 '재창조(recreation)'라고도 한다.
 단풍이 한창인 10월 중순쯤에는 아파트 주차장도 텅 비고 도로는 차들로 붐비고 많은 사람이 어디로 가거나 벌써 가 있다. 우리 내외는 일요일에는 동네에서 가까운 절에 가느라 어디 딴데 갈 생각을 못 한다. 물론 코로나 시절 이전의 얘기이다.
 절에 가면 법문을 듣고 점심 공양을 들고 온다. 한 그릇의 절

밥은 집밥 같아서 편하고 감사하게 먹는다. 우리의 다음 행보는 집에서 가까운 여의도에 있는 찻집에 들르는 일이다. 그곳에서 커피 한 잔을 앞에 놓고 그날 들었던 법문에 대한 얘기를 나누고 이런저런 의논도 한 다음 귀가한다. 가끔 아들네가 거기로 합류하기도 한다.

한번은 조계종단 교육원의 교육부장 스님이 우리가 다니는 상도선원에 초청 법문을 왔다. 스님이 법상에 앉자마자 질문을 던졌다.

"여러분은 왜 절에 다니십니까?"

좌중에서 대답이 없자 스님이 재차 물었다.

"절에는 왜 갑니까?"

자신 없는 소리로 여기저기서 겨우 답이 나왔다.

"부처님 뵈러 갑니다."

"예불하러 나옵니다."

"기도하러 나옵니다."

스님은 다 정답이 아니라고 크게 말했다. 부처님이 절의 법당에만 계시느냐, 부처님은 딴 데는 안 계시느냐면서. 스님은 불자들이 절에 나오는 이유는 "스님을 보기 위해 온다는 것"이라고 했다. 그 답을 듣는 순간, 나는 정말이다, 내 생각과 완전히 같다, 고리가 딱 맞아 들었다고 무릎을 쳤다.

스님의 법문을 들어 보고 그것이 좋으니까 다니며 여기가 내 절이라 하는 것이지, 스님의 법문은 차치하고 부처님을 뵙는다든지 예불을 올리기 위해 정해 놓고 절에 다니는 것은 아니라고 생각했다. 법문이 곧 부처님의 말씀인 것이고 그것을 전하는 스님이 법문을 하는 동안에는 부처님의 대리인인 것이다.

부처님을 뵙기 위해 절에 간다는 것도 틀린 말은 아니다. 거기에는 부처님을 예경하고 예배를 드린다는 뜻이 들어 있고, 또한 부처님과 그 옆에서 부처님을 도와드리는 보살님과 부처님을 외호하는 신장님들께 자기를 지켜 주고 복을 내려 주라고 기도하는 것이 자연스러운 일이기 때문이다. 구복 혹은 기복 신앙을 이른바 심층에 들어가지 못한 표피 신앙이라고도 하고 타력他力 신앙이라고도 하지만, 내 복 내가 구하는 일 때문에 절에 다니는 것은 지극히 정상이다.

언젠가 또 한 번, 젊은 혈기가 가득한 해인사의 한 젊은 스님이 청중 앞에서 "왜 절에 갑니까?" 하고 묻는 일이 있었다. 국제 포교사들이 모인 법회에서인데, 갑작스럽게 그 질문의 답을 지목받은 한 거사는 조금은 당황스러워 하며 "마음을 닦으러 절에 갑니다."라고 말했다. 나를 지목했더라면 앞의 경험이 있으니까 나는 "스님을 보러 갑니다." 또는 "법문을 들으러 갑니다."라고 그랬을 것이다. 질문했던 젊은 스님은 "어렵게 생각하고 말할 것 없다."면서 절에는 "절하러 간다."고 하면 된다고 농처럼 말했다. 그것도 맞는 말이다. 몸을 바닥까지 굽혀서 몸을 낮주는 절은 바로 하심下心이다. 자기라는 상相, 교만이나 자만심, 그리고 고통의 근원인 욕망과 집착을 내려놓는 일이다.

경기도 안성의 도피안사 주지인 송암 지원 스님은 사찰의 일요 법회의 중요성을 매우 강조하는 스님인데, 전국의 사찰이 일요일 혹은 토요일에 정기적으로 법회를 한다면 우리 사회가 개혁될 수 있을 것이라고 주장하고 그 운동을 선도해 왔다. 법회에서 법문을 하기 위해 스님들이 준비하지 않으면 안 되고 법사 스님들이 바로 불자들의 멘토가 되기 때문이라고 했다. 여기에도 동의한다. 내가 다니는 절의 스님을 보면 일요일 법문뿐 아니라 모든 법문 때마다 그에 맞는 준비를 철저히 해서 법문한다. 뒤에 계신 불상의 부처님이 스님의 입을 통해 진리를 설하는 모습이다. 스님은 사적인 사건을 말하는 것이 아니라 경전에 근거하여 법문을 하기 때문에 우리는 부처님의 원음을 듣는 것과 다를 바가 없는 것이다.

절에 가면 그런 멘토가 있는데, 어찌 가고 싶지 않겠는가? 더구나 요즘은 멘토가 가만히 앉아서 사람들이 오기를 기다리고 있는 시대가 아니다. 멘토는 누구보다도 사람들의 필요를 살피고 대비해서 찾아오는 사람들을 만족시키기 위해 최선을 다한다. 현대사회와 현대인의 속성에 맞게 여러 가지 교육, 수행 프로그램을 고안하고 개인의 필요에 맞는 맞춤 서비스를 제공한다.

절은 최고의 학교이다. 그곳에는 최상의 법문이 있고, 최고의 스승이 있다. 이런 학교와 스승이 있는데 일주일에 한 번 가지 않을 이유가 없다. 법회에 빠진 날에는 내가 오늘 뭘 놓쳤지 하는 아쉬움이 든다. 법회를 웬만해서는 빠지지 않는 이유이다. 어디 다른 곳에서 그처럼 나를 받아 주고 환영해 주는 곳이 또 있다면 모르겠다. 최고의 학교에서는 또한 최고의 도반을 만난다.

  코로나 기간 동안 절에 나가지 못했다. 절이 있는 언덕길을 오르는 것이 힘에 벅차서였다. 언제 다시 돌아가서 스님과 반갑게 재회하고 싶은 마음이 굴뚝같다. 그 뜻을 이루었다. 계묘년 추석에 절에 가서 합동 차례를 올리니 마음이 그렇게 편할 수가 없었다. 오랜만에 절에 간 김에 불사佛事에도 참여할 수 있어서 기쁨은 배가되었다.

잘 살고 잘 죽기 위해

2011년 8월로 정년퇴임을 했다. 퇴임 후에도 5년을 더 강의하고 강사 자리에서도 물러났다. 후진에게 자리를 물려주고 나니 그때부터가 완전한 자유인이었다. 일어나고 싶은 시간에 일어나고, 가고 싶은 데 가고, 하는 것들을 맘껏 할 수 있는 자유를 누리게 되었다. 월급 대신 매월 들어오는 연금이 있으니 복지 국가에서 산다는 실감이 느껴진다.

비정규직이나 베이비부머들의 조기 퇴직에 대한 국가적 대책이 없고 젊은이들이 대학을 나와도 일자리가 없어 방황하는 나라가 무슨 복지 국가냐고 의아하게 생각하는 사람이 많을 줄 안다. 하지만 세계 유수의 복지 국가만이 복지 국가가 아니다. 우리나라만 한 건강 보험과 연금 제도를 함께 가지고 있는 나라도 드물다. 하지만 우리나라는 아직도 '유교적 복지 국가'라는 평판을 면치 못하고 있다. 가족이 복지의 주된 책임을 진다는 의미이다. 금수저, 은수저, 흙수저 등 부모의 명성이나 재산에 기인하여 자녀의 부와 사회적 지위가 영향을 받는다는 점에서 그렇다.

퇴직자는 또 다른 출발선에 선 사람이다. 자동차의 타이어를 새것으로 바꿔 끼고 떠날 수도 있겠고, 여전히 중고 바퀴로 달려 나갈 수도 있다. 타이어가 준비되었으면 퇴직자 각자가 향하는 곳, 목적지는 전적으로 개인에게 달려 있다. 그때부터 그 목적지에 도달할 때까지 자기를 관리하고 책임질 사람은 전적으로 그 자신뿐이다. 당장 연금을 어떻게 알뜰하게 쓸 것인지, 그리고 일이 바쁘다는 핑계로 늦췄던 자기계발 활동과 행복한 노후 생활을 어떻게 조화롭게 영위할 것인지 등 벅찬 과제가 기다리고 있다. 노년기는 또 하나의 발달 단계이고 그 최종 과제는 우아한 죽음을 준비하는 것이다.

하지만 좋은 삶, 행복한 삶을 살다가 잘 죽는 문제는 어찌 퇴직자만의 문제겠는가. 잘 죽기 위해서라도 잘 살아야 하고, 잘 살려면 평생을 잘 살아야지 앞에서는 형편없이 살다가 죽음에 임박해서 잘 죽으려 한다고 쉽게 될 일은 아니란 것쯤은 누구나 알 수 있다. 인과응보의 작용 때문이다.

현인 성자들이 말씀하시기를 죽는 순간의 자세가 중요하다고 가르쳐 왔음에도 너 나 할 것 없이 우리는 너무 준비 없이 죽음을 맞이하는 것 같다. 누구에게나 이 죽음의 문제는 나이의 문제가 아니라 언제 닥칠지 모르지만, 반드시 겪어야 할 마지막 과업이다. 순식간에 세월은 흘러가는 데다 어느 순간에 죽음이 나를 찾아올지 알 수 없는 일이기에 매일매일이 살고 죽는 연습장과 같다. 남의 죽음을 보고 곧 나의 죽음을 연상하지 않을 수 없다. 저렇게는 죽고 싶지 않다, 저렇게 죽고 싶다, 그런 죽음 연습을 하면서 우리는 매일을 살고 매일을 죽고 있다.

그래도 나는 행복한 사람이다. 부처님을 가까이 모시면서 코치를 받고 있기 때문이다. 매주 일요 법회에 가면서 가고 싶은 절이 집 가까운 곳에 있어서 행복하고, 그곳에 가면 늘 가슴에 와닿는 알맞은 법문을 듣게 되니 행복하지 않을 수가 없다. 부처님이 세상에 오신 이유가 중생의 이고득락離苦得樂, 발고여락拔苦與樂을 위함이며 보살로서 상구보리上求菩提, 하화중생下化衆生을 가르치시기 위함이니 부처님의 가르침에 대한 모든 법문은 다 중생의 행복에 초점이 맞추어져 있다. 그런 법문을 되새기면서 실제 생활에 실천할 생각으로 한 주일을 생활하고 다시 가서 충전하고 오니 행복하지 않을 수가 없다.

부처님이 설하신 《행복경》이라고도 하고 《최상의 행복경》이라고도 하는 경전에서 보면 행복은 평범한 것이다. 최상의 행복도 그냥 행복이다. 그중 하나가 때맞춰 알맞은 법문을 듣는 일이다.

내가 나가는 절의 미산 스님의 법문은 늘 큰 법문이다. 일요일마다 법문을 듣지만 "오늘은 별것 아니네." 하는 느낌을 가졌던 일이 한 번도 없는 그런 법문이다. 법문 제목은 매번 다르지만,

큰 주제는 한결같이 '행복한 삶'이다.

 스님의 법문 가운데 잊히지 않는 것이 있다. 평소 '껄껄껄' 하며 죽지 말라는 내용이었다. 껄껄껄 웃으며 죽을 사람도 없지 않겠지만, 여기서의 껄껄껄은 이렇게 살걸, 그렇게 살지 말걸 하며 잘못 살아온 것을 후회하는 '걸'을 말한다.

 미산 스님은 2018년 3월 카이스트에 개소한 명상과학 연구소에 김완두라는 속명으로 소장 겸 교수로 부임하여 명상에 대한 과학적 연구에 매진하고 있다. 스님은 서양에서 개발된 유수의 명상 프로그램을 국내로 소개하는 차원이 아니라 한국에서 스님이 직접 개발한 '하트스마일' 명상을 서양인에게 소개하고 그들과의 협업을 통해 효율성을 증명하는 일에 열중하고 있다. 아무리 바쁜 가운데에서도 한 달에 한 번씩 서울의 절로 돌아와서 무차법회無遮法會를 이어간다. 무차법회란 스님이 법문 제목을 정하고 진행하는 법문이 아니라, 신도들이 무엇이나 물으면 스님이 막힘없이 대답하는 열린 법회이다. 속이 다 시원한 법석을 신도들과 스님이 함께 만드는 것이니 어찌 좋지 않겠는가.

최상의 행복

"행복은 모든 인간의 의무이다."

달라이 라마 존자의 말이다. 달라이 라마는 인간은 행복하기 위해 태어난다고 했다. 그는 20세기와 21세기에 걸쳐 그 누구보다도 자애와 연민으로 세상 사람들을 대하는 스승이고 성인이며 행복 선노사이다. 그는 조국을 잃은 디아스포라, 유민이지만 고통 속에서 절망하지 않고 행복의 길을 찾아 정진하는 승려이다. 살아 있는 관세음보살이라 칭해진다.

자식들과 한 아파트 단지에서 사는 어떤 분이 다른 대부분의 사람이 그렇게 살지 않는 것을 보고 "내가 참 행복한 사람이구나!"라고 느낀다는 말을 들었을 때, 나는 고개를 갸우뚱했다. 한 단지 안에 사는 것이 왜 행복인가. 번하지 않는 행복인가. 궁극적인 행복인가. 나도 그렇게 살고 행복을 느껴 보고 싶은가.

　사실 더 고민할 필요가 없어졌다. '최상의 행복'을 설하신 붓다의 가르침을 접하게 되고부터다. 내 가까운 곳에, 아니 우리 인간 모두의 본성에서 살아 계신, 깨달은 자 붓다(覺者)의 행복론은 보통의 행복론이 아니다. 바로 '최상의 행복경'이다. 《최상의 행복경》에는 행복이 하나만 있는 것이 아니다. 무수히 많은 행복이 있고, 그 행복 하나하나가 최상이며 지고하다는 것, 누구든 일상생활 가운데서 그 행복을 맛볼 수 있음을 알게 한다.

　처음 이 경전은 천상에 사는 천인天人이 부처님께 찾아와서 어떻게 해야 최상의 행복을 누릴 수 있느냐고 여쭙는 데서 시작된다. 천인은 지은 공덕이 많아 하늘에 태어났지만, 그 복이 다하면 또 다른 곳으로 옮겨가서 태어나야 하는 존재이기에 그들에게도 최상의 행복은 알아 두어야 할 법法, 즉 진리인 것이다. 붓다는 먼저 다음과 같이 말씀하셨다.

　　우매한 사람들과 사귀지 않고
　　현명한 사람들과 가까이하며
　　훌륭한 스승들을 공경하나니

　사실 이 하나면 게임 끝이다. 아직 그런 단계에 이르지 않은 사람에게는 이것이 제일 큰 과제이다. 우매한 자가 우매한 사람을 제대로 알아볼 수가 있을까. 그에 대한 답은 달라이 라마가 들려준다. 우매한 자는 자기가 실수를 하고도 깨닫지 못하는 사람이라고 한다. 누구나 실수하는데 자신의 실수를 인정해서 다시는 똑같은 실수를 하지 않는 이가 현명한 사람이다. 자기 실수를 인정하는 사람을 만나면 그가 곧 현인이고 훌륭한 스승이 될 수 있다. 스승을 공경하는 것은 행복의 지름길이다.

알맞은 곳에 살며 공덕 쌓았고
스스로 바른 서원 세워 사는 것

이는 이미 잘 살아온 사람의 바른 자세를 말하는 것이다. 남을 돕고자 하는 발원發願을 넘어 자리이타自利利他의 삶을 살겠다는 서원誓願을 세우고 사는 것이다. 서원은 발원한 것을 반드시 실현하겠다는 다짐이다.

이하의 말씀은 특히나 요즘의 현대인에게도 꼭 맞아 들어가는 말씀이어서 놀랍고, 수행의 지침이 되는 말씀이어서 일반인이나 수행자나 모두 귀 기울여 볼 만하다.

기술을 숙련하고 많이 배우고 계율을 잘 지키고 늘 실천하며, 유익한 언어 생활을 하는 것; 동반자 부모자녀 잘 돌보는 것; 베풀며 정의롭게 살고 있으며 친지를 보호하고 보살피는 것; 남에게 비난 받을 행동 하지 않는 것; 악함을 멀리하고 술 절제하며 덕행을 쌓아가고 복을 짓는 것; 존경과 겸손함을 길러가면서 만족과 감사함의 마음으로서 알맞은 때에 따라 법문을 듣는 것; 인내와 용서 관용 온화함으로 진지한 태도 갖춰 수행하며 선지식 친견하여 법을 논하는 것; 열심히 정진하고 청정히 살며 거룩한 진리세계 관조하여서 궁극적 열반 세계 실현하는 것; 세상의 온갖 일에 동요치 않고 안온과 담담함이 충만하여서 슬픔과 욕심에서 자유로운 것 등이다.

이렇게만 수행하고 살아간다면 어떤 경우에도 좌절치 않아 평온함이 함께할 것이며 그것이 더없는 행복이라 하였다.

붓다가 설하신 《최상의 행복경》을 읽으면 이렇게 시대와 공간을 초월하는 우주적이고 보편적인 행복론이 다 있나 싶다. 진리는 평이하고 상식적이며 영원불변한다는 믿음을 준다. 행복에 대한 개념적 정의가 아니라 행복의 실체를 그대로 보여 준다. 행복의 주관적인 측면과 그렇지 않은 측면을 다 들어낸다. 거짓으로 나는 행복하다고 도저히 말할 수 없게, 연기법의 차원에서 행복의 씨앗을 심고 노력으로써 행복을 가꾸는 자에게 결과로써 행복의 열매를 맛볼 수 있음을 확언히 말씀하신다. 행복은 복권 같은 것이 아니다. 우연히 또는 행운으로 오는 것이 아니다. 부모에게서 상속되는 금수저나 은수저나 흙수저 같은 것도 아니다. 개천에서 용이 나는 것도 아니다. 행복하다고 입으로 말한다고 해서 행복해지는 것이 아니다. 행복은 고통과 단짝으로 다닌다는 것을 사람들은 알고 있을까. 행복을 지키지 못하면 바로 행복은 곧 고통으로 변하고, 고통을 잘 받아들이면 곧 행복으로 변한다는 것을.

이처럼 성인은 인류의 살아갈 길을 제시하지만, 중생은 어리석어서 행복의 길을 모르거나 아예 그 길에서 벗어나서 행복이 어디 있나 찾아다니며 방황하고 고통스러운 윤회의 길을 헤맨다. 행복은 평범한 일상을 한 번도 벗어난 적이 없는데, 마치 공기를 들이마시면서도 그 고마움을 모르듯이 우리 인간은 행복의 고마움을 모르고 고통을 불러들인다.

우리는 설이나 추석 때 불교식으로 차례를 지내면서 부처님께 감사하고 모인 가족이 《최상의 행복경》을 함께 읽는다. 아이들이 따라 주는 것이 고맙다. 부모인 우리가 간 다음에 저희가 어떻게 할지는 모르지만, 그건 우리가 상관할 바 아니다. 저희만 행복하면 된다.

50대에 들어섰을 때 내가 불교를 접한 것은 누가 인도했거나 포교를 해서가 아니라, 내 스스로 책 한 권에 이끌려서였다. 그 책이 해인사 지족암에 계시던 동곡 일타 스님의 책 《부드러운 말 한마디 미묘한 향이로다》이다. 부드러운 말 한마디가 얼마나 그리웠으면 그 책 앞으로 바로 달려가서 붓다를 안아드렸을까. 가톨릭 냉담자이던 남편도 어느새 따라왔다. 우리는 적어도 가치관과 신념이 서로 다르다고 다투지 않아도 되었다. 같은 곳을 바라보게 되었고 같이 갈 새로운 이정표와 목표점이 생겨서 기뻤다.

아직 처음이라 갈 길이 멀 때였는데 어느 날 한 스님이 예고 없이 우리 집을 방문했다. 성지 순례를 함께 갔었던 ○○ 스님인데 마침 저녁 식사 때여서 우리가 먹는 대로 아주 빈약한 저녁을 대접한 일이 있었다. 그때 왜 스님이 우리 집에 오셨는지 물어 볼 기회는 없었지만, 상관없다. 그날 스님은 A4 용지에 큰 글씨로 불교의 존재 의미를 쉽게 설명해 주었다. 스님이 쓴 글자는 문자 그대로의 뜻을 바로 알 수 있는 이고득락離苦得樂, 발고여락拔苦與樂, 자리이타自利利他 같은 것들이었다. 그때 생각하기를 고락苦樂을 함께 다루며 나와 남 사이에 차별이 없는 종교라면 안심하고 불교를 공부해도 되겠다는 마음이 굳어졌다. 사성제四聖諦, 공空사상, 연기법緣起法, 팔정도八正道, 열반涅槃, 그리고 상락아정常樂我淨과 같은 교의는 그로부터 오랜 시간을 두고 여러 스님에게서 배웠지만, 불교가 행복의 종교라는 확신을 갖게 된 것은 친절한 ○○ 스님 덕분이었다.

산책과 명상

오후에 공원으로 산책을 나간다. 근린공원의 정상에 올라가면 잔디 운동장 트랙이 있다. 가운데 잔디는 반려견의 전용 운동장처럼 쓰이고 가장자리 우레탄 트랙을 사람들이 걷는다. 트랙 길이가 3백여 미터의 짧은 거리여서 빠르지 않은 내 걸음으로도 5분이면 한 바퀴를 충분히 돌 수 있다. 시계탑의 시계를 봐 가며 30분 정도 걷는다. 황사나 미세 먼지가 있는 날을 제외하고 일주일에 3일 이상 걷는 것을 목표로 삼았다.

나는 대개 오후 3~5시 사이에 산책을 나간다. 그때 나오는 이들은 단체로 운동하러 나온 젊은이들이나 개 산책을 위해 나온 젊은 여성들을 빼면 나머지는 대부분 노인이다. 지팡이를 두 개 짚는 분, 하나만 짚는 분, 어머니를 부축하는 중년 여성, 장애가 있어 보이는 남편의 뒤를 따라가는 노년의 여성, 트랙 철책 뒤에 난 길로 무릎을 크게 굽히고 보폭을 넓게 걷는 중년 부부도 있었다. 혼자 뛰는 젊은 남녀, 음악을 듣고 걷는 사람, 통화를 하며 가는 사람 등등 남녀노소 할 것 없이 모두 마스크를 쓰고 있다. 자기를 지키고 남을 배려하는 태도를 지닌 사람들이 모여 산보나 운동을 한다.

그곳 운동장에 있는 사람은 각기 자신의 건강을 지키기 위해 최선을 다한다. 서로 방해하지 않으려고 관심 있게 인사하는 사람도 없다. 그렇다고 운동장이 외로운 사람들의 삭막한 현장으로 보이지는 않는다. 오히려 그 반대다. 친구 서너 명이 같이 와서 줄기차게 수다를 떨다 가는 중년 여성들, 그리고 소풍을 나온 듯 벤치에 대여섯 명이 모여서 대화를 쉬지 않는 할머니들의 모습은 오히려 정겹게 보인다.

한 모녀는 매일 나온다. 어머니는 허리가 굽은 채 오른손으로는 지팡이를 짚고 왼팔은 딸을 잡고 트랙을 돈다. 딸 쪽으로 몸이 많이 기울어져 있어서 딸이 어머니를 모시고 트랙을 돌기가 힘이 들겠건만, 그들의 표정은 항상 밝다. 말을 주고받으며 걷는 모녀의 모습이 그렇게 아름다울 수가 없다. 노인은 트랙 한 바퀴를 도는 동안 혼자 두세 번 벤치에 앉아서 쉬고, 그 사이 딸은 빠른 걸음으로 혼자 걷고는 어머니가 앉은 벤치까지 와서 어머니를 팔로 일으켜 세우고 다시 함께 걷는다. 노모와 딸의 나이를 짐작하기는 어려우나 그분들이 우리 동네 주민인 것, 하루도 빠지지 않고 산책한다는 것, 걸을 때는 늘 대화를 나눈다는 것이 너무 존경스러웠다.

서로 동반자가 되어 주는 그 모녀의 모습은 나로 하여금 부끄러움을 느끼게 한다. 나는 어머니와 같은 동네에 살았으면서도 한 번도 동반해서 운동장에 나오지 못했다. 그녀는 하루도 빠트리지 않고 내가 하지 못한 일을 하고 있다.

사람뿐이 아니다. 백구 한 마리가 관심을 끈다. 주인이 돌아오는 모습을 어찌 그리 잘 아는지 묶여 있던 벤치에서 백구가 꼬리를 흔든다. 사람들의 출입금지 줄이 쳐 있던 때 백구는 그 벤치에 묶여 있었으나 금지 표시가 없어진 뒤에 백구는 사람들이 앉지 않는 벤치 밖 기둥에 묶여 있었다. 주인의 배려다. 주인인 중년 남성과 늙지도 어리지도 않아 보이는 백구는 이 공원 운동장의 멋진 그림으로 남아 있다.

운동장이 최근 나의 명상 수련장으로 바뀌었다. 4월 첫 주말 즘으로 공부하는 스님으로부터 하루 한 시간 산책 명상을 하라는 숙제를 받았다. 목적과 방향이 있는 명상, 그러나 자연스럽게 마음을 여는 명상을 하라는 지도였다. 핵심은 원래 갖추어져 있는 본성을 덮어씌운 오염을 걷어내는 것이다. 그러면 본성이 저절로 드러난다고 한다. 쉽지 않은 길이지만, 그것이 지름길이다. 높은 수준의 명상이다. 아무것도 안 하는, 마음을 쉬는 명상이다. 일명 '명상을 하지 않는 명상'이기도 하다.

산책 명상의 중요한 원칙은 마음의 쉼을 통해 생각에 떨어지지 않게 마음의 힘을 길러 중생이 원래부터 갖추고 있는 행복과 자유를 찾고자 보리심으로 명상하는 것이다. 보리심은 자신의 행복을 타인의 행복으로 회향하고자 하는 대자비이다. 마음이 산만하지 않게 눈을 위로 떠서 사람들이나 경치도 보려 하지 말고 걷는 앞쪽 바닥을 보고 적당한 속도로 걸으면서 찾아오는 생각을 알아차리고 내려놓는다. 알아차림이 몇 번이나 오는지 그걸 경험해 보라는 것이다. 보이는 대로 보고, 소리가 나는 대로 듣고, 감각이 느껴지는 것을 그렇구나 하고 알아차리되 그 알아차림에 머무르지 말고 알아차림이 있었다는 것만 확인한다. 생각이 올라오는 게 있으면 생각이 왔구나 하고 알아차리고 굳이 피하거나 지워 버리려 애쓰지 말고 쉬고 오라는 것이다.

  이틀째 오늘의 산책 명상을 위해 밖으로 나간다. 얼마나 지속할 수 있을지는 모를 일이다. 그런 생각조차 귀찮아하지 않으며 발걸음을 떼어 봐야겠다.

한산사에서

 경북 문경시에 가면 백두대간을 따라 태백산을 거쳐 소백산에 이어 머리를 낮춘 저두산低頭山 끝자락 한산봉閑山峰 밑에 한산사 閑山寺가 있다. 거기 용성선원에 선원장 월암月庵 스님이 계신다. 한국 불교의 중심적 수행인 간화선看話禪(화두를 보는 참선이란 뜻으로 한국의 대표적 불교 수행법)을 수행하는 우리나라의 대표적 선사이다. 중국 북경대학에서 박사 학위를 받고 귀국해서 선 수행에 몰두해 온 분이다. 한가하게 휴식을 취하면서 수행하는 도량으로 가꾼다는 목표로 한산사 불사를 시작했으며 일명 불이不二 마을이라고도 부른다. 유마경의 불이법문에서 따온 말이며, 틱낫한 스님이 프랑스에서 일군 플럼 빌리지같이 수행과 먹거리를 가꾸는 채마밭, 그리고 산길을 걷는 포행이 어우러진 수행 공동체를 준비 중이다. 선유안심 법회라 해서 매월 두 번째 주 토요일 오후부터 일요일 오전까지 법회를 열고 있다. 선유禪遊는 선에 논다는 뜻이고, 안심安心은 마음을 편히 한다는 뜻이니 구경의 행복에 이르기까지 마음을 행복하게 하려는 법회라고 스님이 설명한다. 2011년 들어 1, 2월 구제역으로 법회를 못 열다가 3월에 다시 열었다. 국제 포교사인 우리 일행은 다른 참석자와 둥그렇게 앉아 편안하게 차를 마시면서 자신의 수행 공부를 나누는 시간을 가졌다. 지리산에서 보내왔다는 달짝지근한 고로쇠와 녹차를 대접받으며 안심 법회답게 편안한 분위기 속에서 질문과 스님의 응답이 오고 갔다.

질문: 간화선의 목적이 깨달음을 얻는 것인데 너무 어렵다. 재가자에게 가능하기는 한 것인가. 어떤 비전을 가지고 간화선 수행을 해야 할까.

스님: 좋은 말씀이다. 한국 불교는 전통적으로 화두를 참구하여 깨달음으로 나가는 간화선 수행이다. 중국 송대 대혜 종고 스님에 의해 집대성된 후 우리나라에서는 보조 지눌 스님에 의해 본격적으로 시행되기 시작하였고, 이후 약 천 년 정도의 역사를 가진 전통적 수행 방법이다. 이것이 조선의 억불 시대를 거치면서 전문 출가 수행자들의 수행 전유물로 내려온 경향이 있다. 구미에서 명상과 참선 운동이 일어나면서 우리나라에서도 일반인을

위한 간화선의 대중화, 지구촌 시대에 한국불교의 국제화를 도모하는 시점에 와 있다.

　간화선이 어렵다, 구경의 깨달음을 말하기 때문에 초심자나 일반불자가 수행해 깨달음을 얻는 것이 요원한 것이 아닌가, 또는 간화선의 수행 방법이 돈오돈수니 돈오점수니 양론이 있어 어렵다, 일반인과 거리감이 있다는 등의 의식이 팽배해 있다. 처음 입문자에게 쉽게 일러 주는 기관도 희소하기에 간화선의 대중화가 어려운 것이 사실이다. 하지만 간화선의 본래 취지로 돌아가면 달라진다. 인도선, 달마선 등은 앉아서 하는 좌선坐禪 위주로 하는 수행 형태를 취해 왔다. 간화선이 대두되면서 좌선 위주의 수행이 행선 위주로 바뀌었다. 일반인이 생활하면서 생활선으로 하는 것이 간화선의 본래 취지이다. 그 이전의 묵조선(중생은 원래 깨달은 부처와 같은 존재이니 고요하게 앉아서 부처임을 비춰 보는 선의 형태)은 위빠사나(남방불교에서 주로 쓰고 있는 관법)와 비슷하고, 천태(중국 수나라의 천태대사 지의를 개조로 하는 불교의 한 종파. 한국에서는 고려 중기 대각국사 의천에 의해 창종) 수행은 말없이 묵묵히 앉아서 수행하니 이는 사대부 중심이었다. 묵조默照의 가르침에 비해 간화선은 우주와 인생에 대한 의심을 지속시키는 수행이므로 앉는 것에 관계없이 수행한다. 논밭이나 회사, 이동 중인 차 안에서도 가능하다. 묵조의 가르침보다는 화두의심을 하면서 언제 어디서나 가능한 것이 간화선이다. 오늘날 간화선을 하는 스님은 행주좌와, 어묵동정, 일체처 일체시 등 전생활

영역에서 화두를 들고 공부하는 게 취지이다. 형태는 화두를 들고 묵묵히 앉아 있는 것은 묵조의 형태이며 언밸런스이다. 단지 앉아서 버티는 것일 뿐이다. 간화선의 정체성이 없어졌다. 간화와 묵조가 혼합되어 간화선을 오히려 더 어렵게 하고 있다.

여기 선원에는 간화선 입문에 대한 초보 입문서가 없다. 조계종에서 나오는 책들이 엄청 어렵다. 생활과 밀접하지 않다. 우선 우리가 할 일은 쉽게 입문할 입문서를 많이 만들고 조계종과 사찰 차원 등에서 간화선 프로그램을 다양화해야 한다. 간화선의 본래 취지에 맞게 일하고 움직이면서 화두를 들 수 있는 기법을 보편화하고, 사람들을 훈련시켜야겠다. 쉽게 와닿을 수 있는 프로그램이 나와야 한다. 포행 중에도 구체적으로 적시하는 프로그램이 나와야 한다. 깨달음이 구경각만 있는 게 아니다. '해인삼매'이고 '동정일여'이다. 바다 자체가 진리라 상정할 때 바다가 형성되기 위해서는 저 산속의 물이 작은 내, 천, 강이 되어 바다가 되고 완전히 짠 물이 되듯이, 중생으로 흘러 흘러 바다로 가는 순간에는 민물이 짠물로 바뀌듯 중생이 부처가 되는 것이다. 둘이면서 하나, 중생과 부처가 바다가 민물이면서 짠물이듯, 강과 바다만 물이 아니고 쫄쫄 흐르는 물도 물인 것처럼 생활상의 작은 깨달음이 모여 큰 깨달음이 된다.

간경, 염불, 호흡, 주력 등으로 작은 깨달음을 얻을 수 있고 구경각에 이른다. 간화선을 통해 초보적으로 수행할 때 이미 깨달음은 이루어지고 있다. 생활상에서 경계에 노출되는 그 마음을 화두로 돌려야 한다. 이건 훈련이 필요하다. 올림픽에서 메달을 획득하려면 많은 훈련이 필요한 것과 다르지 않다. 중생을 바꾸어 부처가 된다는 것은 훈련 없이는 안 된다. 돈오돈수라 하는 것은 큰 근기에 해당하는 것이다. 깨달음 과정에 훈련이 필요하다. 수련 센터가 필요하다. 재가자를 포함하여 가르칠 선사들이 필요하다. 선지식 인력이 있어야 한다. 센터와 인력이 절대적으로 부족하다. 대중화, 국제화를 위해서는 체계적으로 배우고 훈련할 필요가 있다. 어제 법문했던 간화선의 차제대로 간화선을 습득하고 화두참선이 유익하고 생활에 도움이 되고 필요하구나 하고 본인들이 느끼고 주위에 전파할 수 있도록 나가야 한다. 국제 포교사, 법사뿐 아니라 전체 스님과 불자들이 공통적으로 해결해 나가야 할 문제이다.

질문: 화두참선에 뒷받침이 되는 부처님에 대한 정확한 이해가 필요하다. 교학 공부는 어떻게 하면 좋겠는가.

스님: 참선 수행 여부와 관계없이 '정견의 확립'은 누구나 해야 한다. 현실에서 헷갈리는 가르침이 많이 있는 게 사실이다. 정확한 불교 교리를 꿰뚫는 것에는 왕도가 없는 것 같다. 조계종에서 통일된 교본, 통일된 교사(스님, 재가)가 배출된 것이 아니기 때문이다. 중구난방으로 배우고 중구난방으로 이해하고 각자 이야기하다 보니 혼돈된 경우가 많다. 인도에서의 초기 부파 불

교, 중국 선불교에서도 중도, 연기, 공, 오온 12처 18계는 다 똑같다. 관통하는 무아가 있는 것이 같다. 많은 교설과 가르침은 핵심 내용을 설하기 위한 방편설이다. 핵심 가르침에 대한 이해를 꿰뚫을 수 있는 계기는 자기가 만들어야 한다. 현재 자기가 노력하는 방법밖에 없다. 선불교에서 자주 쓰는 말도 결국 중도 무아 연기와 같다. 용어에서 오는 어려움, 헷갈림에도 불구하고 핵심에 대해 정확히 이해를 해야 한다. 습인習忍하고 좌선하면 머리가 시원해지는 순간이 온다. 그 전에 핵심 교리를 체득하고 그 이후 좌선이 병행되면 아 그렇구나 하며 머리가 시원해지는 순간이 온다. 그때 아 정견이 확립되었다고 할 수 있다. 2, 30년 전보다 지금 여건이 많이 좋아졌다. 핵심 교시를 정확히 이해하고 선 수행을 할 수 있다. 처음부터 화두가 안 되면, 그 앞단계 조도행助道行으로 간화, 묵조선, 천태, 위빠사나에서 공통적으로 하는 수식관數息觀으로 습인해 나가는 것이 좋다. 숨을 숫자로 세는 수식관, 들숨 날숨을 따라가며 호흡에 집중하는 수식관을 하면서 자연스럽게 간화선으로 넘어갈 수 있다. 수식으로 출발해서 마음이 안정되면 자연스럽게 숨 쉬는 것이 무엇인고, 누구인고 한다. 부처님 시대에는 수식관으로 아라한이 된 것이 그 후 시대가 바뀌어 무슨 수식관 무슨 수식관 하는 것이다. 습인 과정에서 수식관을 도입하고 자연스럽게 간화선으로 넘어간다.

질문: 스님이 지으신 《간화정로》(클리어마인드, 2006) 책이 어렵지

않고 좋은 책이어서 감사드린다. 금년 중 퇴임하는데 수필가로 정식으로 등단하여 좋은 글을 통해 부처님의 가르침을 널리 알리는 일을 하고 싶어서 글쓰기 교실에서 공부 중이다. 어제 스님께서 60이 넘은 이들에게 수행으로부터 인생을 시작하라, 그리고 그 나이에 수행하는 것은 늦지 않다는 고무적인 말씀을 해주셨다. 그런데 수행하기에도 부족한 시간에 글을 쓰겠다는 것이 올바른 생각인지 모르겠다.

스님: 내가 하고자 하는 일을 하면서, 하고 있던 일을 그대로 하더라도 질적 차원에서 변화가 있어야 한다. 중생 차원에서 보살이나 부처의 차원으로 승화시키는 삶이어야겠다. 문서와 글을 통해서 할 수 있으면 최상이고 좋은 것이다. 누군가 해야 할 일이다. 하겠다니 거룩하다. 수행과 함께하면 된다. 수행과 좋아하는 것이 따로가 아닐 것이다. 삶을 수행으로 승화시킨다면 삶 자체가 수행이다. 주옥같은 수필 많이 쓰시라.

이 마지막 질문은 필자의 질문이었음을 나와 함께 공부하는 문우들은 알아차렸을 것이다. 어제 법문에서 스님은 무상無常이 신속하여 생사의 일이 참으로 크니 나이가 든 사람일수록 발심하고 수행해야 함을 역설하였다. 힘이 남았다면 마음을 수행하는 데 써야지, 습習대로, 업業대로 살았다간 큰일이라는 것이었다.

스님: 60이 넘으면 덤으로 사는 인생이다. 60이 청춘이고 새로운 시작이라 말하기도 하지만, 60이 넘어 시작이란 새로운 인생, 즉 수행을 시작한다는 뜻이다. 그렇지 않은 새 인생을 살려는 것은 어리석은 일이다. 공자님도 60이면 이순耳順이라 했는데, 이순은 어떤 소리를 들어도 움직임이 없고 듣는 소리에 따라가지 않는다는 뜻이다. 일체 바깥 경계 반연을 다 쉬어 버린다는 것이다. 60이 넘어 아직 경계에 매달려 마음에 바람이 들고 있다면 아직 철이 안 든 것이다. 환갑 이후는 덤이다. 인간으로 사는 것은 다 살았고, 신선으로 살고 수행으로 살아야 한다. 60이 넘어 장가, 시집을 가더라도 옛날 했던 것을 반복하지 말고 수행하고 깨닫는 새로운 인생을 시작하라는 것이지 또 범벅의 인생을 다시 살라는 것이 아니다. 수행으로부터 시작하라.

그렇다. 내 나이 벌써 60을 넘어 공자가 말한 70의 종심從心을 향해 간다. 나이에 걸맞게 수행과 삶과 좋아하는 일이 따로가 아니도록 열심히 살려고 한다. 수행의 한 방편으로 그리고 좋아하는 일로서 글도 열심히 쓰려고 한다. 용기를 북돋아 주신 월암 스님께 진심으로 감사드린다.

방거放去 수래收來

서옹西翁 스님이 써주신 선시 구절을 가끔 음미한다.

    수처작주隨處作主, 방거수래放去收來.
    명월장로明月藏鷺, 청풍잡지淸風迊地.

이르는 곳마다 주인 되고, 가는 것 잡지 말고 오는 것 받아들이라. 밝은 달은 해오라기를 품고 있고, 맑은 바람은 대지에 두루 하다. 그렇게 뜻을 새기며 좌우명 삼아 살아온 지난날이지만 오는 해 따라 나이가 속절없이 늘어가니 방거放去 수래收來가 새삼스럽게 화두로 안겨 온다.

가는 해를 잡지 않고 잘 보내려 했는데 사단이 벌어졌다. 신축

년이 마지막 2일만 남겨 두고 있던 12월 30일과 31일 사이 밤 2시 반경 잠을 자던 중 꿈속에서 일어나다가 넘어지며 쿵 소리 나게 뒷머리를 방바닥에 박고 말았다. 놀라서 꿈에서 깨며 기계처럼 재빨리 오른손을 뒷머리에 가져다 대니 일단 만져지는 액체가 없음에 안도하면서도 이게 무슨 일이란 말인가. 정말 이런 일이 내게 일어났다니 하는 낯섦과 놀람 속에 얼이 빠진 듯했다. 노인네 낙상을 제일 위험한 것으로 경계해 왔는데 이런 일이 일어나다니…. 나는 머리통에서 손을 떼지 못하고 끙끙 소리만 내고 있었다. 놀란 남편이 전등을 켜고 보니 내가 누워 자던 반대 방향의 아래쪽 이불자락에 넘어져 있는 것을 보았다고 했다. 딱딱한 맨바닥이 아니었다는 말을 듣고 나서야 겨우 마음이 좀 놓였다. 정수리 아래 왼쪽으로 혹과 붓기 같은 것이 느껴졌다. 다행히 크게 아프지는 않았다. 몇 시간 자고 일어나서 조심스럽게 10시의 줌 수업을 들었다. 괜찮았다.

임인년을 눈앞에 두고, 가는 해는 내게 큰 선물 하나를 주고 간 것 같다. 살아 있음이 다 살아 있음이 아니니, 살아 있다고 한 순간도 방심하지 말고, 꿈속에서 일지라도 주어진 모든 순간을 마음챙김하고 살다가 평화롭게 가라고 어떤 자비로운 존재가 내게 특별한 은총을 베풀어 준 것 같아서 감사했다. 나 못지않게 놀랐을 남편은 내게 액땜한 것이라고 위로해 주었다. 만일 혼자 그런 일을 당했다면 얼마나 암담하고 외로웠을까.

돌이켜 보면, 팬데믹 시기의 임담함과 불편함과 부자유까지 주어졌던 것들, 그리고 지나간 모든 것이 고맙지 않은 것이 없었다. 한 세기 만의 팬데믹 속에서 생존하기 위해 나는 소심하게 살았다. 집 밖으로 나다니지 못하고 가까운 공원 산책과 정기적으로 가는 병원, 이따금 가는 동네 마트 외 외출은 자제했다. 활동을 못하니 늘어난 여가에 적응하느라 줌이나 SNS의 온라인 속에서 많은 시간을 보냈다. 친구들과 온라인으로 만나면서 그림과 음악을 공유하고 독서반도 꾸려서《고려왕조실록》연재를 읽으며 한국사 공부에 열중했다. 하지만 유난히도 무덥던 여름날 능력에 부치는 글을 쓰다가 거의 소진 상태에 이르러 더 이상 글을 쓰고 싶지 않다는 마음이 들었다. 가을이 오기 전에 아프가니스탄 사태가 벌어졌고 그곳 여성들이 학교에도 직장에도 못가는 비참한 현실을 보게 되었다. 마침 그때 인문학 줌 수업에서 들었던《톰 아저씨의 오두막》을 쓴 해리엇 비처 스토Stowe 부인의 외침이 메아리쳐 왔다. 그녀는 미국 노예 해방의 기폭제가 되었던 그 작품을 잡지에 연재하기 1년 전, 세상의 여성들을 향해 "당신이 글을 쓸 줄 아는 여성이라면 모두 글을 쓰시오."라고 절규하였으며 자신이 몸소 그 시범을 보였던 것이다. 내가 글을 써야 하는 이유를 다시 찾았음은 물론이다.

  가을에는 난데없이 어깨 부근에 난 몇 개의 멍울로 병원의 수술실에도 다녀왔다. 가벼운 시술이었다. 식생활은 배달 음식과 외식을 자주 했다. 치과 치료를 받고 있는 남편의 치아 사정에 따라 죽 햄버거 피자 등 패스트푸드도 제법 시켜 먹었다. 식생활도 시대가 변할 때는 거기에 맞춰야 한다는 남편의 지론에 따랐다. 내가 때때로 저녁을 지으면 그는 훌륭한 만찬이라며 잘 먹었다. 그는 또한 내가 수필이나 중국어 공부, 이따금 영문 법문 듣기 등으로 내가 줌 속에서 공부하는 데 많은 시간을 보내는 것에 대해 최대한의 협력자였다. 우리는 함께 TV의 각종 음악 경연과 스포츠 연예 프로그램과 교양 다큐 프로그램을 즐겨 보았다. 나는 '백종원의 골목식당' 애청자였다. 클래식 선호자이며 책 애호가였던 남편은 남녀 트롯 가수들을 맘껏 응원했고, 눈이 나쁘다는 핑계로 책은 손에 잡지 않으면서도 아침부터 밤까지 폰을 들여다보며 매일의 확진자 수, 지구촌의 기후와 날씨, 연예인 소식, 동경 올림픽, 세계 구석구석의 뉴스까지 온갖 세상 뉴스를 섭렵했다. 그는 만물박사였고 덕분에 자연히 식탁의 대화는 풍성했다. 외식 주문하는 일, 싱크대 정리하는 일, 청소기 돌리는 일, 쓰레기 버리는 일 등 자기가 자진해서 맡은 일을 묵묵히 했다.

고려왕조실록의 연재가 끝난 이후에 나는 이어진 《열국지》 연재를 즐겨보며 열독하는 친구들과 함께 춘추전국 시대 이후의 중국사를 공부했다. 연말에 뜻밖의 강의 요청이 왔다. 12월에 두 번 강의를 했고 새해에도 상반기 너머까지 같은 강의가 이어질 전망이다. 강의 자체도 기쁜 일이지만, 그 강의가 내가 지난 25년이라는 긴 시간 동안 힘을 보태왔던 학교 사회 사업이 제도화된 것을 계기로 마련된 것이어서 기쁘게 이 강의에 임하고 있다.

어떤 외국 사람이 새해 SNS에 글을 올렸다.

"나는 일 년 전의 나이던 그 사람이 아니며 그것이 내게 커다란 평화를 가져다준다."

나는 이 말에 전적으로 공감한다. 나의 한 해는 지나갔고 흘러간 강물이다. 다시 만질 수도 없고 되돌려 흐르게 할 수도 없다. 쏟아져 내려오는 새 물이 있을 뿐이다. 이처럼 한 해 전의 나와 한 해 후 지금의 나가 같은 사람이 아님은 너무나 명백하다. 이러한 진실 앞에서 가는 것은 잡지 말고 오는 것은 받아들이라는 말씀 또한 진실한 가르침이다. 흘러간 내가 나라고 고집한다면 새로운 내가 들어설 자리가 없다. 옛날의 나나 지금의 내가 같은 사람이 아니고 누군지 모르기는 마찬가지인데 나라고 고집할 나가 어디에 있겠는가. 나는 나를 모를 뿐이다. 그런데 '모른다'고 하는 그 의식이 나를 허망하게 하기는커녕, 근심 걱정 없는 평화와 자유를 느끼게 하는 건 웬일일까. 마음이 편해진다. 틀 속에 나라고 정해 놓고 집착하고 고수하려는 나가 없으니 마음에 걸림이 없어서일까. 이것이 무아無我일는지.

새해엔 무아의 마음으로 살고 싶다. 오는 대로 받아들이고 갈 것은 가게 놔둘 것이다. 새해에도 집안에 갇혀서 답답하게 살지언정 그 안에서 누렸던 기쁨은 계속되고 나를 모르는 마음으로 평화롭고 마음이라도 훨훨 나르고 자유롭게 살 수 있기를 바란다. 결핍과 손실을 감추려는 위선과 인정認定을 갈구하는 욕망과 집착은 떨쳐버리리라. 나이 들수록 좋아지고 존경심이 우러나는 대문호 레오 톨스토이Leo Tolstoy의 가르침처럼 '사랑으로 사는'

삶을 살고 싶다. 새해엔 우리들에 앞서 다녀간 현인들, 같은 시대에 살아 있는 훌륭한 스승들에게서 배우는 것을 귀히 여기며 고맙다는 표현을 하며 살고 싶다. 내 삶의 목적과 의미를 다른 데서 찾지 않아도 좋으리.

4년 만의 외출

　계묘년의 상반기가 훌쩍 달아났다. 크게 섭섭하지는 않다. 야속한 것은 그 세월이 남겨 놓고 간 건강 문제이다. 코로나 팬데믹 4년을 지나는 사이 신장의 기능이 기준 수치 아래로 약화되었다. 건강 검진 결과 권고에 따라 5월 초 검사를 받고 의사를 만나니 식이조절에 들어가야 한다고 하였다. 그동안 좋아했던 식품들의 상당수와 작별을 고해야 한다. 염분을 줄이고 단백질의 양을 제한하며 칼륨과 인이 많이 들어 있는 채소와 과일을 줄여야 한다고 한다. 의사가 6개월 후에 보자고 하였으나 어쨌든 이젠 팬데믹 이전의 일상으로는 되돌아갈 수 없게 되었으니 한심한 노릇이다.
　"우리 나이엔 밥 먹는 힘으로 사는데 어쩌니?"

친구들의 말이 메아리처럼 울린다. 그래도 다행스러운 것은 때마침 계묘년 상반기에 들여다보았던 《유마경》이 이런 일에 대한 예방주사를 미리 놓아 준 것 같다. 재가 불자인 유마 거사가 설한 유마경(유마소설경)에서는 공사상에 바탕을 두고 생사와 고락, 선악, 행불행 등 서로 다른 둘이면서 전체로는 같은 하나로 보는 불이不二의 지혜를 일깨워 준다.

병이 나는 이유, 병이 낫는 방법 등에 대해서도 자세히 설한다. 유마 거사는 "늙어 죽을 날이 가까워 오고 있는 이 몸은 저 언덕 위의 마른 우물과 같고…, 독사 같고 원수 같고 도둑 같고 텅 빈 마을과 같은 재난 덩어리"라고 설한다. "병이 생기는 것은 나라고 하는 집착으로 말미암아 생긴 것이므로 나에 대해서 집착하지 말아야" 병에서 벗어날 수 있다고 한다. 그 말은 나의 병에 대해서도 집착하지 말아야 한다는 말로 들린다. 병에 집착할수록 헤어 나오기 어려운 나락으로 떨어질 수도 있다는 경고이다.

병에 대한 유마 거사의 처방이 궁금했다. 대중 요법이 아니라 대승 요법이다. "병을 끊고자 한다면 마땅히 청정한 보살도를 닦아야 한다."라고 한다. 우리가 아프면 우리만 아픈 게 아니라는 연기적인 아픔의 관계와 대비심으로 아픔의 관계를 풀어 나가야 한다고 가르친다. 내가 아플 때 남의 아픔을 더 이해할 수 있게 되고 남의 아픔을 내 아픔으로 끌어안을 수 있으며 아픈 사람을 돕는 대비심大悲心을 내게 된다고. 아픈 것이 한갓 걱정거리이고 한심한 것에 머물지 않고 차원 높은 곳에서 쓰임새가 있다고 하니 이 얼마나 다행인가. 이 경전을 읽은 것이 우연이 아니었고 나를 도와주기 위한 우주 법계의 가피加被가 아니었을까 싶다.

경전을 읽는 동안 나는 어렵지 않게 내 평생의 과업이던 아침형 인간으로 바뀌었다. 아침에 일찍 일어나니 하루가 길어졌고 여유가 생겼다. 걱정하는 시간에 필요한 행동을 하게 되었고 나의 소심증, 병에 대한 걱정과 불안도 차츰 풀려나갔다. 동네 공원 산책으로 운동을 대신했던 행동반경을 서울 시내 걷기로 넓혔다. 몇몇 고궁과 고궁이 있는 인근 지역을 걷는 모임에 들어가 이곳저곳 서울의 역사도 배웠다. 6월 초 엔데믹이 선언될 무렵 처음으로 코비드19 확진을 받았으나 다행히 가볍게 잘 넘겼다. 그 뒤 1박 2일 강원도 여행도 다녀왔다. 6월 19~20일에 다녀온 설악산 여행은 코로나 4년 만에 서울 밖으로 처음 나가는 외출이었다. 그동안의 소심함을 털어 버리고 새로운 에너지를 충전하고자 28명의 일행 속에 동참하였다. 그리고 그 여행은 관세음보살을 만난 잊을 수 없는 추억이 되었다.

서울을 벗어나자 눈에 들어온 우리 국토의 아름다움에 그 동안 답답했던 머리와 가슴이 시원해졌다. 미시령 터널을 지나 예전보다 훨씬 가까워진 국립 설악산 공원에 이르기까지 오랜만에 보는 강원도 산들의 길고 부드러운 능선에 마음을 빼앗겼다. 특히나 곳곳에 솟아난 바위 봉우리들의 기상에 몸이 바로 서고 정신이 바짝 차려지는 듯했다. 강원도의 힘을 느꼈으며 절로 생기가 솟아났다.

일행은 신흥사를 참배한 후 산채 비빔밥으로 점심을 먹고 권금성 케이블카를 탔다. 음식을 가려 먹다 보니 맛도 모른 채 밥을 남겼다. 전과는 다른 여행의 시작이다. 케이블카에서 내린 후 15분 정도 걸어 올라가는데 처음에는 정돈된 나무 계단이 보여 수월해 보였다. 하지만 나는 초입에서부터 곧 다리에 힘이 빠지고 몸의 중심이 안 서는 것을 느꼈다. 큰일이다 싶었다. 점심 먹을 때 옆자리에 앉았던 동행이 그것을 뒤에서 보았는지 어느 틈에 내게 다가와 나를 부축하기 시작했다. 흙길에도 바위나 큰 돌이 박혀 있어서 흙을 밟든 돌을 밟든 힘든 건 여전했지만, 옆에서 부축해 주니 안심이 되었다. 울퉁불퉁한 길을 오르는 동안 어느새 또 내 맞은편에 앉았던 또 다른 동행이 내게 다가왔고 나를 등뒤에서 힘껏 밀어주었다.

두 사람은 관세음보살이었다. 내가 힘들고 고통스러울 것을 미리 알고 자비의 손길을 내어 준 관세음보살! 그렇게 두 사람이 번갈아가며 내 손을 잡아 주고 등을 밀어 준 힘으로 나는 넓은 바위 꼭대기까지 안전하게 올라갈 수 있었다. 만약에 혼자 가다가 넘어지기라도 하면 신체상 위험은 말할 것도 없고 민폐가 이만저만이 아니었을 것이다. 다 오르고 보니 앞에 보이는 산봉우리들은 마치 선계仙界 같았다. 동료들은 익숙한 듯 바위 방석을 꺼내 바닥에 누워 와선臥禪에 들어갔다. 나도 남들을 따라서 몸을 누이고 봉우리 위에서 하늘을 올려다보니 과연 꿈속만 같다. 등이 배겨 일어나서 가부좌 자세로 앉아 지나가는 안개구름에 가려진 산봉우리를 들을 바라보며 그곳에 있는 변하지 않는 실상인 바위산과 구름에 가려 일시 형체가 보이다 말다 하는 현상 이 둘이 아님을 명상하며 분별 자체를 잊었다.

  두 사람은 여행이 계속되는 내내 나를 살펴 주었다. 미륵부처를 모신 화암사禾巖寺 언덕에 오를 때도, 속초 영랑호 근처의 범바위에 오를 때도, 고성의 전 김일성 별장을 오를 때도 가까운 곳에 있다가 나를 열심히 밀어주고 챙겨 주었다. 요령도 가르쳐 주었다. 앞으로 걸으려 말고 뒤로 몸을 젖히라고. 그러면 가벼운 나를 밀기가 더 수월하다고. 알고 보니 한 사람은 나의 여고 2년 후배였는데 기골이 장대한 것이 장군 스타일의 역사학 교수였다. 그녀 자신도 한쪽 눈에 심각한 눈질환이 있어서 계속 치료를 받고 있는 처지였다. 다른 한 사람은 교장 출신의 다재다능한 사람으로 어머니가 106세까지 사셨고 9순의 언니들이 있는데 어머니를 모시고 여행을 다녔던 노인 케어 베테랑이었다.

  그분들의 보살행 덕택으로 강원도 여행은 아름다운 자연과 아름다운 사람, 그리고 맛있는 음식이 어우러진 잊지 못할 여행이 되었다. 가까운 데서 보는 원시림과 바위가 어우러진 깊고 울창한 숲, 멀리서 보이는 산들이 부드럽게 이어진 곡선과 곳곳에서 위용을 자랑하는 바위 봉우리, 저 아래 무심한 듯 출렁대는 바다가 마치 오케스트라를 합주하는 듯, 강원도의 아름다움을 연출했다. 음식도 쌀이 좋아 단맛이 나는 밥, 신선한 호박, 오이무침, 황태국, 순두부 등등 들르는 식당의 음식마다 강원도의 순수한 아름다움이 그대로 배어 있었다.

  서울에 돌아와서 마침 코엑스에서 열리고 있던 '샤카디타' 세계 대회에 이틀간 참석할 수 있었다. 샤카디타는 석가부처의 딸이란 뜻이니 곧 비구니 스님들과 재가 여성 불자를 말한다. 거기서 두 관세음보살을 다시 만났다. 그들 앞에서 내 마음속으로 기도하였다. 당신들처럼 나도 누군가에게 관세음보살이 되어 주겠다고.

무여 선사 친견 법문

각자 수행은 어떻게 하고 계시는지요. 어느 수학자가 쓴 책에 《우리 수학자 모두는 약간 미친 겁니다》라는 책이 있어요. 어떤 분야도 미치지 않으면 당당하게 명함을 내밀기 어려워요. 미치는 상태가 바로 염불삼매, 참선삼매입니다. 삼매, 선정의 상태가 미치는 상태지요. 완전히 빠져야 합니다. 선정에 들면, 아픈 곳, 안 아픈 곳의 구분이 안 되고 몇 시간 지나 밤낮이 바뀌고 며칠이 지나 시공을 초월합니다. 오직 그것뿐, 그것에 미칩니다. 그런 상태는 돼 보아야 하지요. 이론이나 수행 한 가지에는 미쳐야 합니다. 미치지 않으면 옳은 포교가 어렵고 법문하기가 어렵습니다.

이론을 갖추고 수행하십시오. 시간을 쪼개서 아침에는 반 시간

내지 한 시간, 저녁에는 한두 시간, 낮엔 언제라도 수행하는 정도가 되어야 포교인, 수행인의 기본을 느낄 수 있습니다. 수행에 빠져 보세요. 살다 보면 안 좋은 일, 어려운 일, 힘든 생각이 일어납니다. 그때 염불이나 화두 수행 한곳에 집중하면 마음이 고요해지고, 잡스러운 생각이 없어집니다. 어렵고 괴롭다는 생각이 그칩니다. 마음이 고요해지고 편안해집니다.

마음이 고요하고 편안해지기만 해도 바랄 것이 없어요. 거기에 완전히 빠져들면, 공양도 생각 안 날 정도입니다. 세상에서 제일 좋은 길 초입初入이지요. 그 길에 들어서면 편안하며 묘한 기분을 느껴요. 그것이 행복입니다. 행복을 느끼는 그 정도만 경험하면 어디 가나 포교사, 불교 공부는 오직 그것뿐이라고 누구에게나 당당하게 말할 수 있습니다. 체험해 봐야 그런 말이 나와요. 그러니 완전히 미쳐야 진정한 포교사일 겁니다. 수행이 그만큼 좋다는 것이지요. 일단은 편안하게 잘 살고, 포교사 역할을 하세요. 행복을 느끼려면 꼭 수행해야 합니다.

부득이한 경우를 빼고, 가급적이면 술자리나 친구들과 어울림을 멀리하고 수행하는 시간을 가지십시오. 취침 한두 시간 전에는 잘 준비를 하고 앉아서 하루를 결산할 필요가 있습니다. 구멍가게도 매일 결산합니다. 분명히 매일 몇 번씩 잘 살았나 못 살았나 핀셋으로 끄집어내듯 따져서 고쳐 나가야 합니다. 잘하는 점은 더 잘하게, 오늘보다 내일 더 잘 살게, 일취월장하게 잘 살아야 합니다. 잘 살았어도 결산을 해야 합니다. 그 다음날 더 잘 살 수 있도록 수행해야 합니다. 하루를 잘 살고 마음이 고요하고 평안한 상태가 되면 잘 때는 잠에 포옥 빠지게 됩니다. 하루를 잘 결산하고 하루를 마무리하십시오.

노년의 삶이 행복하려면 적어도 이미 4, 50대 중반, 늦어도 60대 중반 이전에 인생을 리모델링해야 합니다. 앞만 보고 살아왔던 4, 50대의 모습과 사상으로는 100세 인생을 못 삽니다. 우리의 육체적 뼈대는 못 고치지만, 젊은이에 맞게 살아온 건물, 생각, 자세, 삶은 100세 시대의 노인에 맞게 바꿔야 합니다. 100세 인생 노래에서처럼, 날 데리러 오거든 130까지 살다가 150에 극락세계에 가 있겠다고 전해야 합니다. 완전히 새 인생을 펼쳐야 합니다. 젊은이의 모습으로는 7, 80살 살기도 어렵습니다. 완전히 인생을 바꿔야 합니다. 그 기본은 불교적 바탕이 최상입니다. 무상심심미묘법인 불교의 내용이나 수행을 해보면, 불교가 인간이 발견한 최상의 진리입니다. 불교를 시대에 맞게, 자기에 맞게 리모델링해야 합니다. 잘 사는 분은 숨이 끊어지는 순간까지 화두가 없어지지 않아요. 염불도 마찬가지입니다. 마지막 순간까지 참선과 염불을 놓지 않으면 조사입멸(조사나 부처의 입멸)입니다.

조사는 아무 날 아무 시에 가겠다고 예언합니다. 이는 내가 그

날 그 시까지 살겠다는 의지, 뜻을 피력하는 것이거나 또는 내 생명의 기한이 그때까지라는 것을 알리는 것입니다. 의지 피력이 더 대단해요. 죽음을 자기 마음대로 하는 것은 불가에서만 있는 것입니다. 두 달이나 석 달을 예언하기도 하는데, 부처님은 두 달 전에 예언하셨어요. 스님들은 보통 한 달이나 보름 전에 예언하고 마지막 열반송 한마디를 남기고 갑니다. 열반송은 일생을 한마디로 함축한 시구입니다. 갈 때는 좌탈입망합니다. 서서 가기도 하고 다른 특별한 모습으로 가기도 합니다만, 죽음 자체를 좌지우지하고 초월하며 생사가 자제합니다. 삶을 불교적으로 리모델링하라고, 부처님은 무수한 말씀을 하셨어요. 라스트 신을 멋지게 장식하세요. 불교에 이론적으로 밝아야, 안내서를 잘 보고 구경 가듯 공부(참선, 기도)해야 내게 생사가 자제합니다.

당나라 동산양개 화상은 점심 공양 후 차를 드신 다음 "나는 오늘 갈라네." 하셨고, "어디 가시게요." 하고 시자가 물어도 말없이 일어나 당신 방 좌복에 앉더니 바로 눈을 감았습니다. 병 없고, 연세도 아직인지라 대중이 울고불고하니, 다섯 시간 만에 다시 깨어나서 "할 일 다 했고 갈 때가 됐다."라고 호통을 친 후 일주일간 안심법문을 하였습니다. 죽음에 대해 괴로워하지 말고 잘 살라는 말을 남기고 점심 차 공양 후 "때가 된 것 같다." 하며 다시 가셨습니다. 생사자재입니다. 불교 수행의 극치는 생사 초탈, 해탈입니다. 마음대로 생사를 했습니다. 담담한 모습입니다.

여러분은 마음이 고요한 상태까지만이라도 하십시오. 포교란 자격증만 가지고는 안 됩니다. 마음을 닦아 고요하게 하는 것은 억지로 밀어붙인다고 되는 것이 아닙니다. 과격하게 밀어붙이지 말고 편안하게 하세요. 자기에게 일깨워 주듯이, 속삭여 주듯이, 다독여 주듯이…. 꾸준히 해야 합니다. 화두 수행을 게을리하다가 다시 돌아오려면, 화두가 늘 있느냐 잘 되느냐에 너무 신경 쓰지 마세요. 항시 들면 좋으나 잘 안 되는 데 신경 쓰지 말고 원리 원칙적으로 화두에 드는 것이 중요합니다. '이 뭣고'처럼 화두는 의심하는 것입니다. 편안한 마음으로, 되지도 약하지도 않게, 빠르지도 느리지도 않게 마치 기타 줄을 알맞게 조율해서 알맞게 치면 묘음이 나듯이, 꾸준히 한 번 한 번 확실히 들어가는 습을 들이면 저절로 익어서 들립니다. 화두는 꾸준히 가나 오나 앉으나 서나 언제라도 늘 화두에 들어가는 것이 중요해요. 간절하고 애쓰고 정성이 들어가고 꾸준히 애쓰고 노력하세요. 짬만 나면 관심을 가지고 애쓰고 애쓰면 몸과 머리가 화두뿐이 됩니다. 찬스가 올 때 바짝 하면 의외로 쉽게 되고 바로 됩니다.

(화두를 원하는 참석자 두 불자에게) 조주 스님의 무자無字 화두를 들어보십시오. 조주 스님은 120세까지 아주 잘 사시고 가신 분입니다. 화북 지방의 난방도 없는 아주 추운 절에 계셨는데 무자 화두로 유명했습니다. 어느 날 양지쪽에서 개 한 마리를 보고 지나던 승이 조주 스님을 향해 개에게도 불성이 있습니까, 라고 물

으니 '무'라 하셨습니다. 무는 없다는 뜻이지요. 개유불성皆有佛性이라 했는데, 어째서 '무'라 했을까? 화두는 의심이 나는 것이 중요합니다. 의심이 생명입니다. 의심을 일으켜서, 어째서 무라 했을까, 어째서 무라 했을까, 계속 의심을 이어가는 것입니다. 번뇌망상이 떠오르면 얼른 '어째서'라고 화두에 들어가야 합니다.

국민 소득 2만 불이면 종교인이 점차 줄기 시작하고, 4만 불이면 급격히 줄어들고, 5, 6만 불이면 거의 교회도 안 나간다 합니다. 교황도 인기가 있고 교황청에 사람들이 모이나 관광이 목적입니다. 돈은 먹고 살 만한 정도면 돼요. 사람들은 먹고살 만해지면 종교와 멀어집니다. 불교는 시대에 맞게 쇄신하면 어떤 시대, 사람, 환경에도 맞추고 이끌어 줄 수 있습니다. 하지만 불교는 자기를 반성해야 하는 문제가 있습니다. 적당한 비빔밥을 만들지 못하고 적당한 가르침을 못 주고 있습니다.

우리 사회의 차원이 높아져야 합니다. 세월호 사건 같은 것이 일어나지 말아야 합니다. 그게 한국의 수준입니다. 북한이 반세기 이상 으르렁대는 안타까운 상황인데도 정치적으로 의사당에서는 뭘 하는지…. 우리의 수준을 높여야 합니다. 그 좋은 방법이 불교예요. 그런데도 우리는 그 방법을 제시하지도, 이끌지도 못합니다. 국내적으로 애를 써서 살 만한 나라가 되도록 노력해야 합니다. 우리 마음이 탁해져 있습니다. 불교가 재활하여 불교인이 어디서나 대접받는 사회가 될 수 있도록 애써 봅시다.

아이에게 가르치는 것이 어려운 시대입니다. 예전에 양주동 박사의 강의를 들었는데 적당히 자기 자랑을 하는 외에 학생들에게도 막 욕을 하기도 했습니다. 애들에게 때로는 험한 말도 약이 됩니다. 그러나 시대를 따르지 않을 수 없어요. 아이들에게 야단을 치더라도 자비하게만 하세요. 아이를 진심으로 위하고 사랑하면서 야단을 치면 다 느껴져요. 근본은 자비입니다. 따를 수밖에 없는 기풍을 짓되, 여러 가지보다 한 가지라도 정성껏 하세요.

가정에서 부부가 수행을 잘해서 행복을 느낄 정도가 되려면, 화두 참선이든 염불이든 수행을 순일하게 하십시오. 그러면 남편(아내)이 밉다, 어떻다는 그런 말 자체가 없어집니다. '화'란 말이 사전에서 없어져요. 남편의 얼굴이 빙그레 웃는 부처로 보입니다. 내가 어떻게 화를 냈던가, 화 자체가 없어지게 됩니다. 있어 주는 것, 같이 있어 주는 것만도 감사한 일입니다. 부부가 서로 절하는 게 자연스러워요. 당연하게 수행을 잘하려면, 자기를 내세우려 말고, 지금 국제 시대인 만큼 국제적 마음으로 측은하게, 사랑과 자비로 대하십시오.

(2016년 3월 13일 경북 봉화 축서사에서 국제 포교사회 동기들이 무여 선사를 친견하고 들은 법문)

3부
노인의 권리

킴 트랩 패밀리

 같은 학교에 다니면서 말 한마디 나눈 적 없고, 마주치며 웃음 한 번 나눈 적 없는 선주와 친구가 되었다. 친구는 얼마든지 새롭게 만들 수 있고, 새 친구는 옛 친구 못지않게 현재의 삶에 에너지를 준다는 것을 그녀를 통해 깨달았다. 미국에 살고 있으며 수십 년간 직접 얼굴을 맞댄 적도 없는 선주를 선뜻 친구로 꼽는 것은 순전히 동창 친구들의 단톡방 덕분이다.
 선주 가족은 미국에서 반세기를 살아왔다. 성악가인 그녀와 나의 만남은 내가 쓴 책을 그녀가 보고서 먼저 연락해 와서 시작되었다. 그러니까 녹자로서 그녀가 자기를 먼저 소개하며 나와 이어졌다. 그녀의 진솔한 한마디 한마디는 형식적인 것이 아니라 진심이 담긴 성의 그 자체였다. 사람은 어디에서 얼마나 오래 살든 본성은 변하지 않으며, 아름다운 사람은 아름답게 관계를 잘 이어 간다는 것을 그녀에게서 배웠다. 그녀의 사는 모습이 정말 타인의 모범이 된다고 존경하고 있었는데, 과연 그녀는 작년에 모교인 이화여대에서 '영원한 이화인상'을 받았다.

  선주는 아홉 살 때 KBS 어린이 합창단원이 되었다. 음대를 졸업한 뒤 김자경 오페라단의 일원일 때 우연인지 필연인지 남성합창단 10년 경력의 특출한 테너였던 남편을 만나 1971년 결혼과 함께 도미했다. 내과 의사인 남편 김 박사와 1남 2녀를 두었다.

  육아 중에 시련도 있었다. 셋째를 임신했을 때 우울증이 왔고 목소리도 나오지 않았다. 출산하고도 목소리는 돌아오지 않았다. 전문가의 진단을 받아 보니 그동안 잘못된 레파토리로 노래했기 때문이다. 그래서 알토에서 하이 소프라노로 바꾸었다. 마침 시아버지가 보내 준《불가능은 없다》는 책을 읽으며 기도했고, 3년 만에 예전 목소리로 돌아왔다.

  음악이 그들 삶의 중심에 있다. 선주는 다른 한국 부모들처럼 열심히 일하라, 열심히 공부해라, 최선을 다하라고 자녀들을 가르쳤다. 이 외에도 잘 훈육한 강한 가족이 좋은 사회를 만든다는 교육적인 신념으로 음악에 대한 사랑으로 뭉친 가족을 만들었다. 아이들이 부모의 재능을 물려받은 것도 있지만, 음악 사랑이 자녀들에게 전달되도록 남다른 노력을 한 덕분이었다. 선주는 음악이 영원한 친구, 인생 최고의 친구라고 아이들에게 가르쳤다. TV를 보거나 빈둥거리는 시간이 없도록 세 아이들 모두에게

네다섯 살부터 성악과 악기 조기 교육을 시켰다. 장녀 캐시, 장남 앤디, 막내딸 스테이시는 모두 학업에서 최우등생이었을 뿐만 아니라, 바이올린, 피아노, 플루트, 첼로 등 악기 연주와 성악에도 능했다. 삼 남매 모두 세인트루이스 콘서바토리 예술학교(CASA)의 멤버였다. 가족이 다니는 교회에서 바리톤 아버지와 소프라노 어머니, 그리고 세 남매가 같이 연주하는 가족 콘서트 모습을 사진으로 보면 '아메리칸 드림 컴 트루' 바로 그것이었다.

김 패밀리는 1976년 지금 살고 있는 일리노이주의 남단 벨레빌에 정착한 후 그 지역에서 음악 가족으로 유명하다. 그곳 사람들은 이 가족을 '우리들의 킴 트랩 패밀리'라 부른다. 사운드 오브 뮤직의 주인공인 트랩Trapp 가족에 견주어 붙여 준 이름이다.

그녀는 주거지와 가까운 미주리주 세인트루이스 카디날 야구장 스타디움에서 미국 국가를 여러 번 불렀다. 한복을 단아하게 입고 미국 국가를 부르는 선주를 사진으로 보면 참 아름다웠다. 신에게서 받은 선물이 목소리이니 신의 영광을 위해 쓰는 것이 자신의 소명이며 의무라 믿고 음악을 소중히 아껴온 선주, "듣는 이를 꼼짝 못 하게 하는 강력한 소프라노"라는 현지 신문의 한 줄 평이 압축해서 그녀를 잘 말해 주었다.

그녀가 50세가 되던 해 남편이 받고 싶은 선물에 대해 물었다. 아내는 CD를 내고 싶다고 했고, 그해 나온 것이 세 상의 CD나. 첫 장은 한국어로 부모님과 남편에게 헌정했고, 두 번째와 세 번째는 한국어와 영어로 각각 시아버지와 자녀들에게 헌정했다.

선주는 프로다. 나이를 먹고 행여 공연의 질을 떨어뜨릴까 봐 2014년경 스스로 노래 부르기를 중단했다. 그 대신 다니는 교회와 지역에서 핸드벨 공연이나 차임 합창단 공연 등으로 지속적으로 음악 활동을 하고 있다. 공연 사례금은 사양하거나 받게 되면 봉사단체 등에 기부해 왔다.

선주의 남편 김덕진 박사는 의사이면서 불굴의 의지인이다. 육십 나이에 스트로크stroke가 찾아왔으나 의사로서 신속하게 입원하고 대처하여 3주간의 재활을 받고 현업에 복귀했다. 자신의 몸이 불편하지만, 의사로서 기능할 능력이 달라지지 않았음을 증명하기 위해 3년 뒤 굳이 보지 않아도 될 전문의 갱신 시험도 보아 합격하였다.

성인이 된 자녀들은 각자의 전문 분야에서 최고의 길을 가고 있다. 방사선과 의사, 법과대 교수, 변호사로 활동 중이다. 생활이 음악과 친하다면 전공과 상관없이 최고의 행복이리라. 음악이 부모와 자식에게 평생의 행복을 선물한 것이다. 선주는 나이와 함께 성악가로서 자신의 활동을 줄이면서 그녀 인생의 또 다른 한 부분인 가족에 대한 사랑과 자녀 교육에 열성을 다하는 장한 어머니이다.

음악과 가족 사랑의 힘으로 오늘에 이르고 있는 김 가족은 하나님이 자기 가족을 수많은 어려움에서 구해 주셨다고 감사드린다. 누구보다도 큰 감사를 친정어머니께 돌린다. 대대로 내려온 장로교 집안에서 자란 어머니는 선주의 음악 재능을 발견하고 특기로 길러 주고 깊은 신앙심을 키워 주었다. 어머니 이학선 여사는 선주의 큰딸이 결혼 8년 만에 온 가족이 애타게 기다려 왔던 아기를 무사히 출산하자 편찮으신 중에도 빙그레 웃으시고 며칠 뒤 영면에 드셨다고 한다. 나는 선주가 보내준 일본 여성 작가 다나베 세이코 작품으로 선주의 어머니께서 77세의 연세에 번역한 〈두근두근 우타코 씨〉라는 소설을 재미있게 읽었다. 흥미진진한 일본 중년 노인의 노춘老春 이야기를 유려하게 번역해 놓았다.

  김 박사는 이제 은퇴하였다. 상대를 극진히 위하고 서로 위로해 온 부부가 이제는 각자 건강을 살피면서 오래오래 미국에서 여생을 즐기시기를 바란다.

다시 돌아갑니다

2023년 3월 20일, 드디어 마스크를 풀어도 되는 날이 왔다. 삶이 다시 예전의 모습으로 돌아가는 양상이다. 마스크를 끼고 동네 공원을 산책하던 나도 기지개를 폈다. 거의 제로 상태였던 외출을 재개했다. 콜택시를 예약하여 다니기도 하고 지하철도 마음놓고 탔다. 다니는 거리도 시내, 강남으로까지 넓혔다. 만나는 사람의 수도 한 번에 세 명에서 여섯 명, 열댓 명, 그리고 점차 40명까지로 확대되었다. 세상이 바뀌었으니 그동안 뒤떨어져 있던 것을 만회하기 위해 나름 최선을 다하는 거다. 예전으로 돌아가는 새로운 연습과 더불어 낯선 것에 대해서는 계속 적응하는 탄력성을 연습한다.

어떤 이는 팬데믹 시절에도 여행, 영화나 전시회 관람, 친구들

만나기를 계속해 왔다고 한다. 그러다가 코로나19에 걸리기도 했지만 극복도 잘하였다. 또 어떤 이들은 집 안에 머무는 많은 시간을 이용해 요리도 개발하고 살림을 멋지게 살아 내어 배우자를 행복하게 해 주었고 자신도 행복했다고 한다.

소심한 나는 밖으로 나다니지 않고 집 안에서 할 수 있는 줌 공부를 서너 개 하면서 지냈다. 새로운 사태에 탄력적으로 대응하는 방법이 줌으로 하는 공부였다. 원상회복 능력을 제고해 주는 탄력성은 스트레스를 막아 주고 보호해 주는 자원이다. 탄력성은 어려움에 처했을 때나 어려움에서 벗어날 때 모두 필요하다. 내가 선택한 줌 공부는 나의 뉴노멀이 되어 주었다. 뉴노멀 시대에 온라인 공부 시간은 나에겐 다른 것과 대체 불가한 '최고의 학교'였고 큰 즐거움을 주었다.

하지만 어느새 익숙해진 뉴노멀이었지만 올드 뉴멀로 돌아갈 수 있는 시간이 오자 나는 활동의 우선순위를 조정하지 않을 수 없었다. 팬데믹 기간 중에 가장 부족했던 운동과 좁아진 대면 세계를 개선하기 위해 나에게 필요한 것이 활동의 우선순위를 바꾸는 것이라고 생각했다. 자연히 일순위가 팬데믹 기간 중 즐겼던 줌 공부를 줄이고 친구들과 함께하는 오프라인 운동이었다. 건강이 첫째라고 생각하고 몸을 많이 움직이고, 그 다음이 못 만났던 친구나 지인을 만나서 에너지를 충전하는 것이었다. 그리하여 중단했던 오프라인 라인댄스 모임에 다시 나갔다. 공교롭게도 수업 시간이 같아서 오프라인 글공부 모임은 부득이 중단

해야 했다. 그곳 노스승님한테 더 배우지 못하는 아쉬움이 컸다.

다시 돌아간 올드 노멀의 라인댄스 방은 옛 친구들과 동창회관에서 만나 수다의 즐거움을 누릴 수 있는 최고의 안전한 놀이터이고 최후의 꽃동산이다. 라인댄스로 몸을 움직이며 건강을 챙기고 웃고 즐겁게 놀 수 있으니 이것저것 예방과 치료가 한꺼번에 되는 고마운 종합병원이다. 더구나 코로나19 동안 회관 측은 늙은 졸업생들의 무릎을 배려해서 계단을 오르내리지 않도록 전용 승강기도 설치해 놓았다. 그 배려가 눈물겹도록 고마웠다. 막상 개강일이 되자 갑자기 생긴 발등의 통증, 부주선골증후군이라는 통증으로 라인댄스를 못 하는 것이 아닌가 하고 한때 걱정했으나 다행히 빨리 치료를 받고 친구들과 합류할 수 있었다.

통화만 나누던 사람들을 광화문 모 커피숍에서 직접 만났다. 마치 새 세상을 만난 듯 흥미로웠다.《한국산문》6월호 펄 벅 특집 글에 동참했던 것이 계기가 되어 펄 벅 연구회 C 회장과 한국펄벅재단 K 상임이사를 만나게 되었다. 그 두 분은 한국을 특별히 사랑했고 관계가 깊은 펄 벅 여사의 이모저모를 전문가답게 소상히 말해 주었다. 글까지 보여 주어서 여사에 대한 찐 공부가 된 시간이었다. 이름 진주와 어울리는 진주 목걸이가 세상 어떤 여인보다 잘 어울리던 그녀였지만, 진주처럼 아픔을 딛고 산 삶이었다. 벅, 그녀의 삶은 분명 한국에는 '복'이었으나 한국에서는 명예박사 학위 하나 못 받을 정도로 제대로 평가되지 못한 점이 아쉬웠다.

불교 여성개발원이 주최하는 바자회에도 다녀왔다. 소속해 있던 조계종단에서 나와 독립의 길을 걷는 개발원은 불자로서 전문 영역에서 일해 온 여성들이 회원인 여성불자들의 단체이다. 먹거리는 미리 온라인으로 주문하여 몇 가지를 구입한 터였고, 팬데믹 바로 전 바자회에서 샀으나 수선이 어려워 입지 않고 있던 옷을 다른 것으로 바꿔 준다고 해서 꼭 가야 했다. 옷을 사지 않은 지가 오래되었으므로 요즘 스타일의 옷으로 마음에 드는, 연한 블루색 체크무늬에 헐렁하고 가볍고 시원한 상의로 바꿔 가지고 왔다. 새로운 사회생활에 입고 나갈 멋진 옷 하나를 공짜로 얻은 기분이었다.

며칠 후 새 옷을 입고 설레는 마음으로 그동안 줌으로 같이 공부하던 문우들의 모임에 나갔다. 상을 받는 두 문우가 점심을 냈고, 대통령 취임식에 참석차 멀리 하와이에서 온 문우가 차를 내는 자리였다. 참석자는 열댓 명이었는데, 그날 처음 보는 사람이 여럿이었다. 유쾌한 자리였다. 거기서 내가 일을 냈다. 서툴게도 테이블에 놓인 플라스틱 와인잔을 쓰러뜨려 새 옷에 와인을 쏟았다. 아, 사교가 빵점이다. 내가 와인을 안 마셨더니 와인이 옷을 먹었나 보다, 라고 웃어넘기기에는 모처럼 입고 외출한 옷은 고가의 신상이었나.

남편의 생일날, 가족들을 만났나. 안식년으로 미국에 가 있는 사위와 외손주를 뺀 가족 전원이 거의 2년 만에 한자리에 모였다. 일을 좋아해서 혼자 국내에 남아 있는, 외식시키는 달인인 딸의 의견대로 배달된 고가의 점심을 즐긴 후 케이크도 자르고 후식을 먹으며 TV도 보고 담소도 나누었다. 대학생 4년생인 손녀에게 요즘 학교에 축제가 있지 않느냐고 물으니, 봄학기를 휴학했다고 한다. 처음 듣는 말이었다. 자기가 원하는 것이 정말 무엇인지 알기 위해 휴학했고 지금 생활에 만족하고 있다고 하니 더 꼬치꼬치 묻지 않았다. 코로나 전인 1학년 때는 축제에 가지 않았고, 코로나 블루를 겪고 4학년에 올라가 휴학하였으며 다시 개시된 이번 축제에도 참가하지 않는다 했다. 학교에 다니면서 사귄 친구도 없다고 했다. 이 아이들을 어쩔 것인가. 나는 실망보다는 손녀처럼 대학 생활을 온전히 즐기지 못한 채, 아니 각자도생으로 즐기기 위해 자기를 찾아 길을 떠나는 이 시대 대학생들의 앞날에 무한한 축복이 깃들기를 진심으로 빌어 주었다. 어서 무엇이 되라고 바라거나 재촉하지 말고 그들을 지켜봐 주고 격려해 주어야 할 책임이 우리 어른들에게 있기 때문이다.

다음번 약속은 문인 선후배 모임이 열리는 호텔 내 뷔페식당에 참석하는 일이다. 코로나 시대를 견뎌온 구순의 선배들과 한자리에 앉으면 난 여전히 한참 아래 세대이지만 세대 간에 한자리에 자연스럽고 자유롭게 앉아 있다는 자체가 값진 모임이 될 것이 틀림없다.

이제 예전과 같은 생활이 회복되었다. 마치 형기를 마치기 전 무죄가 인정되어 석방되는 수인의 해방감이 이와 같을 것일까. 하지만 정말 예전 그대로 돌아갈 수 있을지는 의문이다. 새 노멀에 이미 적응이 되었기에 옛 모습으로 되돌아간다 해도 그 의미와 가치는 이미 새 노멀의 눈으로 다시 정의되었을 것이기 때문이다. 한번 흘러간 강물이 거슬러 올라오지 않는 한 같은 물이 아니듯, 한번 떠나간 시간은 우리를 같은 곳으로 데려가지 않는다. 우리는 새로운 개체로 이미 달라져 있을지 모른다. 그러니 나 자신도 전에 만나지 못했던 새로운 나이고, 내가 만나는 사람도 전에 알았거나 몰랐거나 모두 새 사람이라 생각하기로 한다. 팬데믹의 강을 건너면서 우리는 모두 새 사람으로 태어난 것은 아닐지.

노인의 권리

어느 날 들렸던 문방구에서 처음 보는 사장이 스스럼없이 말을 걸어왔다. 아마 노인네가 가게에 들어오니 얘기 상대가 되겠다 싶었나 보다. 통증으로 걷기가 힘든 71세의 아내에게 자신이 밥을 해 먹이고 있는데 먹을 수 있는 것만으로도 감사한 일이며 무슨 일인들 못 하겠냐고 했다.

내가 물었다.

"부인께서 카톡 같은 걸 하시는지요?"

그렇다고 했다.

"네, 카톡을 합니다. 아이들에게 전화나 카톡으로 엄마한테 안부 자주 물으라고 얘기합니다."

나는 됐다 싶었다. 가족과의 카톡은 때로 의사도 고치지 못하는 병을 낫게 하는 명약이라고 생각하기 때문이다. 병든 아내가 누군가와 카톡 대화를 나누는 것은 그녀가 생명선을 가지고 있음과 다르지 않다. 연결된 그 선을 통해 어떤 활력이 들어올지 모른다. 그녀는 격려와 위안을 받을 수 있으며 적어도 주의를 다른 곳에 집중하는 동안만이라도 고통이 감소될 수 있다.

온라인상의 대화방은 동년배를 넘어 가족 간에, 그리고 같이 단체 활동을 하는 선후배 동료들 지인들 사이에 끈끈한 결속을 다져 준다. 다른 세대와 어울리는 것은 특히 인간관계와 정신 건강에 자극이 된다.

노인들이 노인끼리만 어울리지 않고 다른 세대와도 함께하는 것이 바람직한 노후 복지의 한 조건이라고 한다. 노인만 모아 놓은 시설이나 격리된 노인 주택에서 사는 노인보다 여러 세대가 모여 있는 지역 사회에 사는 노인의 사기가 더 높다고 한다. 노인 세대만 사는 은퇴촌이 처음에는 좋아 보이나 바로 그 장점이 그대로 단점이 된다는 소리가 여기저기서 들려온다. 노인은 분리의 대상이 아니라, 지역 사회에서 함께 살아가는 주민들이다.

노인이라고 해서 별종의 집단이 아니다. 다른 세대와 마찬가지로 노인도 계속 수행해야 할 과제가 있다. 새로 받아들여야 할 과제가 있는 인간 발달 단계 중 한 단계에 있을 뿐이다. 나이가 많다는 이유로 힘이 없을 것이라고 단정되거나 소외당하고 무시당한다면, 그것은 연령 차별이다. 나이 차별을 당하지 않기 위해서는 노인 자신도 여러 연령층과 어울리면서 서로 다른 경험과 관점, 생활방식 등을 보고 배우고 보완하며 사는 것이 바람직하다. 반면 노인이라고 해서 특별한 대우를 받으려 한다거나 특권을 누려야 한다고 생각하는 것도 현대 사회에서는 어울리지 않는다. 대우를 받으려면 그만한 품위와 인품을 지녀야 하고 존경받을 수 있는 모습을 보여야 한다. 노인을 뭐로 보느냐면서 불만을 터트리기보다는 존경받는 어르신으로 자리매김이 되도록 젊은이에게 모범을 보여야 할 것이다. 남의 단점보다는 장점을 보려고 노력하고 말 한마디라도 상처가 되지 않도록 배려하는 자세가 필요하다. 타인은 나를 보는 거울이라 하지 않는가. 젊은이를 거울삼아 나를 보면서 자신의 정체성을 확인하기도 하고, 때로는 젊은 세대에게 나침반 노릇도 해줄 수 있을 것이다.

노인은 결코 배움이 끝난 세대가 아니다. 아직도 배워야 할 것이 남아 있고 성숙이라는 마지막 단계의 과업을 가지고 있는 사람들이다. 노인의 발달 과업은 지혜의 완성이라 한다. 죽음 앞에서 이렇게 죽을 수 없다고 세상을 원망하거나 절망하지 않고, 이만하면 잘 살고 간다, 내가 못 한 일은 후대가 해 줄 것이라는 희망적인 자세를 보여 주고 떠나는 것이 노인의 지혜라 한다.

현실적으로 노인은 보호의 대상이다. 이는 사회에 기여한 바에 대한 보상이기도 하고 사회의 존속을 위한 사회윤리이기도 하다. 노인 웰빙(복지, 행복)의 조건은 바로 노인의 자율성, 즉 자기 결정권을 얼마큼 만족하게 구사하느냐에 달려 있다. 자기 결정권은 말 그대로 자기의 삶을 간섭받지 않고 자신의 의지로 결정하며 사는 것이다. 나이로 인한 차별도 없어야 하지만, 각자 존엄한 인격을 가진 존재로서 자기 일은 스스로 결정할 수 있는 권리가 손상되지 않아야 한다.

UN에서는 노인의 권리로 독립(자립)권, 참여권, 보호권, 존엄권 등 네 가지의 권리를 보장하도록 각국에 권고한다. 노화를 연구하는 노년학老年學에서는 성공적 노화를, WHO에서는 활동적 노화를 제시한다. 그 공통적인 조건은 건강, 참여, 경제적 안정이다. 하지만 노인이 건강이 안 좋아져서 자기 결정권을 행사하기 어려운 경우가 점점 많아지고 있다. 누군가가 대신 행사할 때 갈등이 일어난다. 요즘 사전연명의료의향서를 미리 쓰는 예비 노인이 많아지고 있어서 다행이라면 다행이라 하겠다.

노년의 역할은 건강이 있는 한, 남에게 의존하지 않아도 되는 한 여러 세대가 함께 어울리면서 모두 평등한 존재로 서로 존중하며 행복하게 사는 일이다. 그리고 남에게 의존하는 시기가 최대한 짧은 것이 성공적인 노인의 삶이 아닐까 한다.

와인 세탁

옅은 하늘색 상의에 와인을 흘렸다. 모처럼, 아니 근년 처음인 문우들의 대면 모임이 있던 시내의 고급 한식당에서다. 식탁에 놓여 있던 가벼운 플라스틱 와인 잔을 부주의해서 통째로 쓰러뜨려 와인이 상의 이곳저곳으로 쏟아졌다. 와인 마시기를 즐겨 하지 않는지라 잔을 앞에 두고도 의식에 두지 않은 채 한눈파는 사이 순식간에 일어난 일이다. 무시당한 와인이 체면이 구겨지고 성질이 나서 심술을 부리기라도 한 것처럼 옷의 넓은 면적을 흠뻑 적셨다. 옆에서 건네주는 휴지로 닦아 보았지만 색은 지워지지 않았다. 누군가가 와인은 지워지지 않는다고 하였다. 난감했다. 옷은 올해 처음 구입한 고가의 신상이었다.

밥을 먹다 말고 식당 근처 세탁소로 달려갔다. 세탁소 여주인은 눈길도 주지 않은 채 와인은 못 뺀다고 퉁명스럽게 말했다. 심지어 많이도 흘렸네요, 하면서 혀를 끌끌 찼다. 집에 돌아오는 길에 동네 버스 정거장 근처에 있는 단골 세탁소에 들렀지만 답은 같았다. 안면이 있는 여주인이 와인은 취급하지 않는다며 관심 없다는 듯 내뱉었다. 처리 약값이 비싸고 양이 얼마나 들지 모르겠다고 했다. 되기는 되는가 보다 하는 약간의 희망을 붙든 채 집에 돌아온 후 아파트 상가에 있는, 평소 거래를 않던 세탁소를 찾아갔다. 남자 주인이 할 일이 없는지 일감이 없는 빈 책상 앞에서 핸드폰을 만지작거리고 있었다. 안 된다고 머리를 저으면서도 내 말을 칼같이 자르지 않고 실제로 옷에 물을 적셔서 비누를 묻히고 솔질을 해보더니 역시 안 지워진다고 했다. 그리고 덧붙이기를 처리 약품도 비싸고 작업이 힘들며 시간이 오래 걸린다며 가능성은 있는 듯이 말하는 거였다. 나는 떠맡기다시피 옷을 맡기면서 사례를 충분히 하겠다고 했다. 주인은 조심조심 옷을 물에 담갔다. 됐다 싶었다. 물빨래하지 말고 드라이해서 입으라고 디자이너가 일부러 말해 주었는데, 세탁소 주인이 물에 넣은 것이니 이제 책임져 주겠지 싶었다. 성공 여부는 문자로 알려주겠다고 했다. 시간이 걸리겠거니 했다. 이틀 후 세탁물을 찾아가라는 문자가 왔다. 얼른 달려가 보니 와인 자국은 사라졌고 며칠 전과 같이 새롭고 멋진 옷이 나를 기다리고 있었다. 다림질에 애를 먹었다는 세탁소 주인에게 사례하고 감사를 표했다. 고마워할 사람은 난데 세탁소 주인이 고맙다고 했다.

결과적으로 옷에 밴 와인을 닦아내는 것은 앞의 두 세탁소에서도 할 수 없는 일이 아니었다. 다만 그 두 곳의 여주인은 일거리가 많아서 내 옷과 같이 고비용, 장시간이 드는 일감을 원치 않았던 것이다. 그들은 어떤 일감을 받아들이고 말고의 결정권을 쥐고 있는 세탁소의 실세 주인이었다. 나중에 인터넷을 찾아보니 적포도주가 묻은 옷은 백포도주에 담그면 깨끗이 진다는 팁이 있었다. 계산이 빠른 여주인도 아마 포도주 얼룩을 전혀 처리할 수 없는 게 아니라는 걸 알고 있었으리라. 백포도주로 세탁하는 게 타산에 맞지 않는 일임을 이미 계산하고 있었을지도 모른다. 비싼 처치 약품이나 백포도주 말고도 긴 작업 시간은 당장 눈앞에 수북이 쌓인 일감 앞에서 볼 때는 실속 없는 일거리라는 셈이 섰을 터였다. 나와 말을 섞을 때도 여주인은 하던 일에서 눈을 떼지 않고 있었다. 내가 보기에도 눈앞에 일감이 산더미였다. 마지막 세탁소는 달랐다. 주인이 할 일을 일찌감치 다 해치웠거나 막상 일감이 없었는지 일을 하지 않는 채 테이블 앞에 앉아 있었나. 응대하는 시간이 길어도 지장받을 일이 없어 보였다. 그는 일감이 없던 차 긴 시간 고비용을 요하는 작업 요청이 들어오니 잘됐다 싶었을지도 모른다. 그리고 그는 무엇보다도 과거의 경험으로 보아 자신이 없지 않으니 일을 맡은 성싶다. 자기의 오래된 기술을 믿고 있는 데다 손님을 놓치지 않으려는 의지, 주민에 대한 서비스, 그리고 노동의 강도가 센 일은 금전적으로 보상이 있다는 종합적인 판단으로 이 세탁소 주인 남자는 일감을 수주했음이 틀림없다고 생각되었다.

　나는 끝내 옷을 건졌다는 안도감 외에 세상에는 이처럼 남들이 하기 싫어하는 일, 보통의 노력 가지고는 안 되는 힘든 일을 맡아서 해내는 사람이 있어 다행이라는 생각을 했다. 부주의해서 와인을 옷에 쏟아부은 나 같은 사람이 있어 누군가에겐 일거리가 생기고, 그 일로 먹고사는 데 도움을 얻는구나 하는 한껏 한가로운 생각에도 젖어 보았다. 자기 분야에서 맡은 일에 최선을 다하며 다른 사람의 이익을 위해 봉사하는 노고에 진심으로 고마워하고 감사할 수 있다면 와인을 흘린 일 가지고 바보 같다고 자신을 비난할 일은 아니다. 나 또한 나쁘지 않은 경험을 했구나 하고 한숨을 돌렸다. 그리고 앞에 두 세탁소 여주인처럼 계산과 실리에 밝은 게 탓할 일이 아님을 자연스럽게 받아들이게 되었다. 두 번의 거절이 있었기에 세 번째 기회를 맞이하게 되었고, 결국 성공으로 끝났다. 만약 실패로 끝나고 말았다면, 그에 대한 자책감은 씻어내기 어려웠겠지만.

　마침 매일 즐겨 읽으며 삶의 안내를 받는 용수 스님의 말이 눈에 띄었다. 잠들기 전에 세 가지 질문으로 하루를 돌아보라는 것이었다. 그 세 가지는 오늘 하루를 의미 있게 살았나, 타인에게 마음을 열고 친절하게 대하고 도움이 되었는가, 쓸데없이 생각을 굴리지 않고 깨어 있었나이다.

　하루를 돌아보는 자체가 삶을 바꾸며, 자신이 어떻게 사는지 알면 삶이 저절로 좋아진다는 스님의 문자 법문에 엄지척 한 표를 던진다. 내가 남을 위해 힘든 수고를 해보긴 해보았던가, 누군가에게 진실로 이걸 해줘서 고맙다는 치사를 들었던 적이 언제던가 자문해 보았다. 새 옷에 와인을 흘려서 그것을 세탁하는 누군가에게 조금이라도 이익을 안겨 준 것을 두고 타인에게 도움을 주며 살았다고 말하기는 어렵다. 그런 노동과 대가 제공의 교환 말고 내가 정말 남을 위해 수고하고 도움이 되는 그런 날이 언제였던지 헤아려 본다.

명배우 명연설

 화면 속의 초원이 소박하고 정겹다. 그 위에 바퀴 달린 집과 집안에서 쓰는 80년대의 소품들이 눈에 익숙하다. 같은 시기, 남편이 특파원으로 미국 생활을 하던 때라 영화에서 입고 나오는 몇 벌 안 되는 단출한 옷차림 램프 소파 그릇 등의 살림살이가 눈에 익었다. 한국 배우 윤여정에게 오스카 조연상을 안겨 준 미국의 저예산 독립영화 〈미나리〉는 보면 볼수록 정감이 느껴졌다.

 영화는 이국땅에서 이민자 가족이 정착하기까지 고생하는 이야기이다. 가상인 아버지는 넓은 땅에 농원을 일으켜 자식에게 보여 주려고 한다. 어머니는 병아리 감별 노동자로 살면서도 병원이나 학교 등에서 아이들이 편하게 지낼 수 있는 방법을 찾는다. 부부의 서로 다른 목표점에서 비롯된 갈등이 관객에게 전달될 즈음 그 조정자로 한국에서 외할머니가 차출된다. 자칫 밋밋할 뻔했던 이야기 전개에 갑자기 나타난 외할머니로 영화는 전환점을 맞고 활력을 얻는다. 그녀는 미나리 씨를 한국에서 가지고 와 물가에 뿌린다. 이는 딸 가족이 한국인의 정체성을 망각하지 않도록 하는 장치이다. 또한 그것은 건강에 문제가 있는 외손주를 자연에 풀어 놓음으로써 소년이 건강하게 자라도록 하는 할머니의 지혜이기도 하다. 미나리는 물이 있는 곳에서 잘 자라고 음식의 해독제일 뿐 아니라 독특한 향으로 한국인이 즐겨 먹는 '원더 풀'(경이로운 풀, wonder grass)이다. 감독은 쑥쑥 잘 자라고 부드럽고 향기로운 미나리에 보편적인 할머니의 '원더풀'(아주 멋진, 경이로운) 손자녀 사랑법을 연결했다. 서양인에게 낯설기만 한 미나리가 손자녀에 대한 모든 할머니의 사랑을 표상하는 것으로 소환되었다.

할머니 역을 맡은 윤여정의 오스카상 수상 소감은 순식간에 세계의 눈과 귀를 사로잡았다. 미국에서 13년간 살았다고는 하지만 쉬운 영어로 자연스럽게 수상 소감을 말하는 그녀의 모습은 세계적인 배우의 탄생을 알렸다. 그녀는 먼저 상을 받는 영광을 혼자 차지하고 마냥 행복해하는 대신 후보자 모두와 영광을 나누었다. 저마다 연기한 영화에서 주어진 역할을 연기한 배우들에게 누가 제일 잘했다고 어떻게 경쟁할 수 있겠냐는 것이었다. 후보로 지명된 것만으로도 모두 승자이며, 특히 자신이 존경하던 아무개가 상을 받기를 바랐으나 자기가 운이 좀 더 좋아서 상을 받았을 뿐이라는 겸양을 보여 주었다. 오스카상 최고의 수락 연설이었다는 평을 들었다. 그녀가 올해 오스카상을 주관하는 미국 영화예술 아카데미의 회원으로 초대받은 것은 당연한 결과였다.

그녀는 이 상을 고 김기영 감독에게 바친다고 했다. 그녀의 첫 영화감독이지만 자신은 좋아하지도 감사하지도 않았다고 했다. 육십이 넘어서야 고마움을 처음 깨달았는데, 그때 못 한 감사를 이번에 같이 영화를 한 아이작 정 감독에게 고스란히 전할 수 있게 되었다고 했다. 진정을 다해 스크립트를 썼고 연기자와 스텝들을 순수한 진심으로 대하는 모습에서 감독에게 감사하지 않을 수 없다는 것이다. 조연이건 주연이건 연기자의 위력을 이 영화는 그대로 보여 준다.

수상자를 호명한 브레드 피트와의 케미는 환상이었다. 윤여정은 〈미나리〉의 제작자 브레드 피트에 대해서 언급하며 제작비를 조금만 올려 달라고 애교스럽게 말했다. 그의 에스코트를 받으면서 무대를 내려오는 그녀의 품위는 꾸밈과 과장 없이 자연스럽고 아름다웠다. 기자 회견 때 어느 기자가 브레드 피트의 냄새를 맡았느냐는 유치한 질문에 대해서도 "나는 냄새를 맡지 않았다. 나는 개가 아니다."라고 웃으면서 분명하게 말했다. "하지만 그는 나에게 스타"란 점을 밝히고 한국 방문을 요청했다고 말했다. 유치한 질문에 유머와 차분함으로 유쾌하게 응수한 것은 여유였다.

한국 기자들과의 회견에서 오스카상으로 생애 최고의 순간임을 느꼈느냐는 질문에 윤여정은 그걸 부인했다. 최고, 최고, 너무 그러지 말자는 것이다. 누구 한 사람이 최고가 되는 것이 중요한 것이 아니라 모든 사람이 균등하게 최중最中으로 살면 안 되느냐는, 기대하지 않았던 말이 그녀의 입에서 나왔다. 의미상 최중은 정중앙, 한가운데라는 뜻을 담고 있다. 이는 과연 불교에서 말하는 중도中道와 무슨 차이가 있겠는가 싶었다. 최고니, 최하니 하는 양극단에서 벗어나 서열 등급을 매기지 않은 가운데 바른길에서 다 같이 잘 살자는 뜻이라고 내 나름 새겨 보았다.

윤 배우는 좋은 친구들과 어울려 수다를 즐기면서 맘 편하게 유머를 담은 입담을 실습한다고 한다. 대단한 말도 직설적으로 하지 않고 유머러스하게 할 수 있는 것은 이런 실습 덕택이다. 그 매력이 이번에 발산된 것이다. 윤 배우의 유머가 담긴 임기응변이나 균형 감각은 위대한 배우가 영화를 넘어 현실 속에서 인류 지성에 공헌할 수 있음을 보여 주었다. 인종 차별과 혐오가 판치는 미국에서 직설적인 훈계나 경고 대신 윤여정은 '무지개'론을 폈다. 배우를 넘어 인간 윤여정의 입에서 무지개가 피어났다. 세계에 드리운 거대한 무지개. 무지개가 아름다운 것은 그 일곱 색깔이 모두 함께 있기 때문이다. 모두 함께 있어서 하나의 조화를 이루고 아름다움을 이루는 일곱 색, 그중 어느 색이 더 예쁘고 미울 것이 무엇인가. 하나라도 빠지면 무지개가 될 수 없는 것이다. 인종의 차이, 남성 여성의 차이, 성 정체성의 차이 등 차이가 무슨 문제냐 하는 윤 여정의 일침이 통쾌했다. 윤여정은 한국계 미국인 등 아시안-아메리칸들을 위엄과 존중으로 대하라는 고귀한 메시지를 미국 사회에 던졌다. 인간의 위엄을 존중하는 마음이 그대로 전달되는 명연설이었다.

윤 배우는 주어지는 대본을 성경 삼고 연습에 연습을 거듭하는 최선의 연기를 하며 아버지가 부재한 두 아들을 키운 워킹 맘이었다. 오로지 생계를 위해 절실하게 일해야 했기에 주어지는 기회를 마다 않고 어떤 역할도 다 하였으며 배우로서의 스펙트럼을 넓힐 수 있었다고 한다. 그녀는 스캔들도 없었고 전 남편에 대해 언급하는 것도 일체 하지 않았다. 당연히 비난이나 원망 따위 거친 말도 입에 담지 않았다. 그렇게 시간을 낭비하지 않고 오로지 두 아들과의 절실한 생계를 위해 일에 매진한 결과가 영국의 글로브상, 영화 왕국 미국의 오스카 여우 조연상이었다. 그녀는 그 상의 공로를 엄마에게 일하도록 잔소리한 두 아들에게 돌렸다. 그녀는 이제 자신이 '사치'라고 하는 많은 것을 누리고 살고 있다고 말했다. "민폐가 되지 않을 때까지 이 일을 하다가 죽고 싶다."라는 윤여정 배우, 그녀는 자신이 노인이라는 현실을 부정하기는커녕 있는 대로의 모습을 보여 준다. 비슷한 나이 또래들에게 하나의 분명한 롤 모델이 되어 주있다. 세상의 어떤 칭찬에도 안주하지 않을 그녀다.

사랑하는 딸에게

　엄마는 이제 퇴임한 지 석 달이 된다. 강의 하나는 계속 중이고 새로 중국어를 배우며 경전 공부도 열심히 하고 있다. 이런저런 일정으로 몸은 고단하지만, 마음은 더할 수 없이 편안한 나날이다. 매일 잠자리에 들기 전 108배를 하고 잠깐 자리에 앉아서 마음속의 발원을 외운다. 너희들 모두 건강하고 네 남편 이 서방이어서 좋은 학교에 교수로 임용되어 맘껏 연구하고 이 세계를 위해 이바지하는 훌륭한 과학자가 되라고 발원한다. 온 가족, 친척, 이웃, 그리고 온 세계의 중생이 행복하기를 비는 거지.
　사람 몸 받아 태어나기 어렵고 부처님 법 만나기 어렵다 했다. 사람으로 태어나 불법을 만났다는 것만으로도 우리는 이미 행복한 사람이다. 결혼 전 네가 나와 불교 공부를 같이했다는 것이 너무 감사하다. 너는 미션 중고를 나오고서도 나를 따라 불교에 입문했지. 능인선원의 불교대학도 같이 다녔고, 불교신행연구원의 김현준 원장님을 따라서 중국 오대산 성지 순례도 함께 갔다 왔다. 문수보살의 성지인 오대산은 중국의 중서부에 위치해 있어 가기 쉽지 않은 곳이다. 다 큰 딸이 누가 엄마를 따라 불교대학이나 성지순례에 다니느냐고 네가 말했다시피 너는 내가 바랐던 이상으로 유순한 딸, 든든한 도반이었던 걸 그때는 왜 몰랐을까. 그때 일행 중 눈 밝은 강창국 거사님이 "모녀가 더 스킨십을 나누어야겠다."고 하셔서 깜짝 놀랐었다. 비밀을 들킨 것 같았지.

세상이 다 아는 비밀, 그건 이 엄마가 세 살 된 너희 오빠와 백일밖에 안 된 너를 외가에 맡기고 혼자 유학을 떠났던 일이다. 외조부모님이 너희를 돌봐 주시는 동안 큰일이 생겼었지. 보름날이었다던가, 네가 땅콩을 먹다가 잘못돼서 기도로 들어갔는데 큰 병원에서 수술도 없이 너를 거꾸로 들고 땅콩을 끄집어낸 훌륭한 이비인후과 의사 덕에 네가 살았다. 그 힘든 걸 잘 이겨냈던 어린 네가 승리자다. 외손녀를 맡았던 내 부모님의 고초는 어떠셨을까. 내 공부에 영향을 줄까 봐 귀국 때까지 말도 못 하게 하셨다니 너희 아빠 또한 얼마나 힘들었겠느냐.

방학 때마다 일시 귀국은 했었지만 내가 완전히 귀국했을 때 너는 낯선 나를 무서워했고 거부했다. 내가 부르면 널 봐 주던 언니 뒤로 숨었고 오줌 마렵다고 화장실로 갔지. 미국까지 가서 사회사업 식사를 공부한 엄마니까 내 문제부터 해결해야 했다.

엄마는 스킨십을 위해 너희 둘의 손을 잡고 십오 분 거리의 테니스 코트까지 데리고 다니며 대화를 가졌다. 테니스 코트 안에서는 너희를 파라솔 밑에 앉혀 놓고 환타나 오란씨 같은 음료를 주고 엄마가 레슨 받는 거며 사람들이 테니스 치는 것을 구경하게 했지. 너와 나 사이의 거리가 차츰 좁혀졌고 우유를 먹이며 키웠던 너에 대한 책임감 때문에 외할머니 외할아버지께 관심을 덜 받던 네 오빠의 기도 한껏 살아났다. 그렇게 나는 엄마의 자리를 찾아갔고 너희 둘 모두 많이 치유가 되었다고 생각했다. 하지만 네가 다 큰 뒤에 남의 눈에 우리 사이에 스킨십이 모자라 보였다면 그게 맞는 말일 게다. 일기일회一期一會이니 한 번의 기회 때 놓친 것은 이미 놓친 것일 뿐 뒤에 아무리 벌충한다 해도 똑같은 것이 될 수는 없는 일이다.

아빠가 신문사 특파원으로 가게 되어 우리 가족은 처음으로 다 같이 미국에서 살다가 돌아왔다. 엄마는 그때 박사학위를 끝내고 너희는 초등학교와 중학교를 다니다 귀국했다. 미국에서도 적응을 잘하였던 너희는 돌아와서 각각 중1과 중3에 입학한 이후 학교에서 알아주는 모범생으로 생활했지. 오빠 애기 하나만 할까. 너희 오빠는 중3으로 입학하자 학기 초 수업이 끝날 때마다 부지런히 선생님을 쫓아가서 자기소개를 하고 다른 학우들보다 모르는 것이 많으니 잘 가르쳐 달라고 부탁하였다고 한다. 오빠는 그렇게 해서 교무실에서 선생님들에게 유명한 학생이 되었단다. 너희의 품성이 다른 아이들과 표가 나는 것을 좋아하지 않았고 잘난 체하기는커녕 영어 경연 기회가 있어도 너희가 나가면 그건 불공정하다면서 다른 아이들이 입상토록 도와주었단다.

통번역 대학원 졸업 후 네가 갑상선 수술을 받게 되었을 때 엄마는 네가 애기 적 아팠을 때 같이 있지 못했던 것을 속죄하는 심정에서 너와 시간을 온전히 같이하였다. 수술은 잘되었는데, 목소리가 안 나와서 얼마나 놀랐던지. 네 직업이 국제회의 동시통역사인데 말이 안 나오다니. 그때 엄마는 우이동 보광사로 달려갔다. 지금은 열반에 드신 정일 큰스님께서 광명진언光明眞言 기도를 스무하루 동안 계속하라고 일러 주셨지. 네가 성심으로 기도하고 꼭 스무하루가 되던 날 마침내 보통 때와 같은 네 목소리가 터져 나왔을 때의 감동을 잊을 수 없구나.

너는 외할머니의 은혜를 잊지 않고 때가 되면 제일 먼저 선물을 보내드리거나 용돈을 드려 외할머니를 늘 감동시켜드렸지. 외할머니에게 너는 큰 자랑이었다. 너는 내게 역할 모델이 되어 주었다. 네가 할머니한테 하는 걸 보고 나도 따라 하려고 애썼단다. 네가 나한테 했던 "엄마가 할머니한테 하는 걸 보고 그대로 나도 엄마한테 할 거야."라는 말이 내겐 무서운 경책이 되었다.

어렸을 때도 그랬고, 지금도 돈을 참 좋아하는 너다. 초등학교 시절 미국에서 집 앞에 판매대를 만들어 놓고 레모네이드를 만들어서 팔았던 너. 성인이 된 후에도 중저가 옷을 선호하고, 최근에는 내 구닥다리 옷들을 리폼해서 입겠다고 한 보따리 싸 가지고 가는 너를 보며 훌륭하다고 찬탄하지 않을 수 없단다. 그러니 돈을 아끼고 모은 덕에 강남에 집도 샀지. 보태 준 게 없어서 일부러 아무 말도 안 하고 보통 일처럼 지나갔던 것 참 미안하다.

  아이 키우랴 국외 출장도 빈번하여 힘들어하면서도 잘하는 것을 보면 예전의 내 모습이 부끄러워진다. 내년 1월 세 돌이 되는 사내아이가 어떻게 그렇게 말을 잘하는지 모르겠다. 너희가 "네가 세 살이 돼서 말 안 듣고 하면 안 봐줄 거야!" 했더니, 그 어린 녀석이 "그래도 키워는 줄 거지?"라고 했다고 하여 얼마나 웃었는지 모른다. 아이 잘 키우고 늘 행복해라.

  사랑한다. 엄마가.

(2011년 11월에 처음 쓰고, 2012년에 3월에 고쳐 씀)

꽃은 피고 지고

　어버이날 특집이라고 소년 가수 정동원이 TV에 나와 노래를 부른다. '엄마 꽃'이 세상에서 가장 예쁜 꽃이라 한다. 카네이션의 계절이지만, 꽃을 드릴 부모님은 안 계시고 아이들은 이젠 꽃보다 지폐를 건네니 카네이션 구경이 쉽지 않다. 하지만 괜찮다. 우리집에서 10년을 한결같이 연보랏빛 꽃을 피워 주고 우리와 함께한 보랏빛 사랑초를 보며 아쉬움을 달랜다. 또 아파트 밖에 나가면 장미가 지천에서 말을 걸어오고, SNS 대화방에서는 친구들의 꽃 이야기가 화사하다.

　최근 어느 나라 대통령 부인이 선생으로 신음하는 다른 나라를 찾아 그 나라의 대통령 부인에게 위로의 꽃다발을 안겨 주는 사진이 신문에 났다. 꽃을 주는 이의 연민과 받는 이의 감사의 마음이 교차하는 듯 두 여성이 들고 있는 꽃다발이 아름다운 슬픔을 자아냈다. 그 나라에 속히 평화가 찾아오기를 기원했다.

　인간의 정서를 따듯하게 감싸안아 주고 허전한 마음을 다독이는 데는 꽃만 한 물건이 없는 듯하다. 결혼식이나 영결식에서 한결같이 사람의 마음을 대신 전해 주는 '메신저'가 사람 주변에 가깝게 있다는 것이 큰 의지가 되고 위로가 된다. 어릴 적이나 젊던 시절 꽃이 싫었던 적이 한 번도 없던 것을 보면, 꽃은 누구에게나 보고 즐기고 주고받고 싶은 대상물이었다.

　친구들의 온라인 대화방에서 시간도 공간도 초월하며 매일 빠지지 않는 꽃 얘기는 우리의 늙어감을 잠시라도 잊게 하는 것 같다. 사시사철 사람의 발길이 닿지 않는 곳을 찾아다니며 청정한 꽃들을 찍어 보내 주는 사진가 친구, 농사지은 작물과 동네 꽃을 빠짐없이 올리는 농부 친구, 이름 모를 꽃의 이름을 알려 주는 식물학자 친구, 우리 생애 단 한 번도 보기 어려운 진기한 꽃들을 모아 보내 주는 친구가 있어 행복하다.

　우리는 대화방에서 꽃 얘기를 나눌 때 꽃처럼 아름다운 우정을 나눈다. 꽃만큼 곱게, 아니 어쩌면 꽃보다 더 곱게 축복의 말, 격려와 위로의 진실한 말을 주고받는다. 안부를 묻고 인사를 전할 때에는 꽃다발이나 꽃송이 사진이나 영상을 딸려 보낸다. 사람이 꽃 소식을 전해 주는 메신저인지, 꽃이 사람의 메신저인지 모를 정도로 꽃과 사람이 하나가 되어 간다.

　전문 사진작가인 친구 유혜경은 꽃들에게 철학적으로 접근

한 전시회를 지난봄 서울 인사동에서 열었다. 〈꽃은 피고 지고〉(Flowers bloom, flowers fade)란 주제다. 일 년 내내 꽃시장을 찾아 꽃을 사고 말리는 일을 되풀이하며 꽃과 대화를 나누었다고 한다. 그녀는 "용기 내어 피고 지고, 스스로의 아름다움에 빠져 또 피고 진다."는 꽃들의 말을 듣고, "꽃들이 죽어 가면서도 어두운 밤사이 새로운 싹을 틔우는 의연한 모습에 엎드려 감탄하며 자신도 모르게 겸손해졌다."고 독백처럼 말했다.

경인미술관의 한 벽을 빼곡하게 메운 스물아홉 점의 꽃 사진은 얼핏 보면, 화병에 꽂은 일종의 '꽃꽂이'였다. 생화와 말린 꽃 또는 말린 구근을 한 공간에 함께 배치하여 마치 생사의 명암을 한 상에 차려 놓은, 반은 축제 반은 제사 같은 인상을 주었다. 꽃이 살아 있어 보이지만 죽어 가는 과정에 있을 뿐이며 죽어 있어 보이지만 생명의 끝이 아니라 미래로 영속한다는 메시지가 전해졌다.

일부 작품은 생생한 꽃을 따로 촬영해서 수정水晶에 담아 놓았다. 그 꽃을 미래에 다시 볼 희망으로 저장해 놓은 것. 튤립이나 카라 등 구근球根 식물의 꽃은 화병 안에, 말린 구근은 화병 밖에 설치하였다. 작가는 "구근에서 싹이 나고 자라서 꽃으로 피었다가 사라진 뒤 흙속에 구근만 남아서 다시 미래의 꽃으로 생성을 이어간다. 과거를 생각하고 미래를 보기에 좋나."라고 했다. 생명의 사라짐, 생성이 모두 한 과정이고 한자리라는 뜻이리라.

작품 속에서 장미가 눈을 확 끌었다. 실내의 빛을 동원하여 장미의 음영과 그림자를 만들었고 빛을 따라 공간 안의 피사체가 움직이는 모습을 형상화하였다. 생생한 장미와 시든 장미를 나란히 한 병에 넣었다. 장미의 원래의 화려함은 사라지고 장미 다발 전체가 암울하고 처연하게 보였다. 벽에 비춰진 그림자는 출렁이는 하나의 환幻일 뿐, 미추美醜가 따로 없다. 미추 자체도 존재하지 않았다. 그림자를 보니 결국 생사는 한자리[一如]일 뿐이고 실재하는 것 같던 생과 사 각각의 자리도 허상에 불과했다는 자각을 준다.

작품 한 점을 구입했다. 화병에 꽂힌 튤립 두 송이가 아직 봉우리가 벙긋 벌어지지는 않은 채 빛을 향해 고개를 들고 있는 사진이다. 부속 장식물로 시들고 말린 모양이 깔끔한 유칼립투스 Eucalyptus 한 가지가 들어 있다. 사진에서 우리 두 부부가 보였다. 그래, 빛이 좋기는 하나 너무 빨리 빛을 따라가지 말고 둘이 같은 속도로 보조를 맞추며 천천히 서쪽 붉은 노을빛을 향해 나아가자고 약속이라도 해야 할 것 같은 모습이었다.

꽃이 우리를 가르치는 것 같다. 자기처럼 예쁜 얼굴로 활짝 웃고, 나쁜 말은 들어도 모른 체, 예쁜 말과 좋은 말만 하면서 아름답고 향기롭게 삶을 살다 가라고 하는 것 같다. 자기처럼 남에게 기쁨과 평화와 위로를 주는 삶을 살라고 말하는 듯하다. 꽃다운 나이의 젊은이들이 꺾이거나 짓밟히지 않고 힘껏 자라나 아름다운 꽃을 피우도록 도와주라고 하는 것 같다. 이 세상이 한 송이의 아름다운 꽃[世界一花]으로 피어나기를 꿈꾸어 본다.

날마다 전성기

친구들이 어려운 코로나19 시대를 어떻게 지내는지 한눈에 보인다. SNS 등에서 만나는 친구들에 관한 얘기다. 온라인 속의 친구들은 코로나 팬데믹으로 사방이 꽉 막힌 비대면 시대에 '단톡'이라는 채널을 통해 외부로 스트레스를 발산하고 신선한 공기를 취입하는 '라이프라인' 하나씩을 갖고 사는 것 같다. 자기계발 강사로 유명한 김미경 씨는 오프라인에서 하던 일이 정지되었거나 방해를 받는 비대면 시대는 온택트on-tact, 즉 온라인 대면으로 뚫어야 한다고 그의 새 책 《Reboot》에서 역설했다. 이젠 나도 온택트 도제徒弟이다.

온택트로 만나는 우리 친구들은 '미스터 트롯'의 팬이 많다. TV 속에서 어려운 시기에 국민을 위로해 준 트롯맨에게 받은 고 마음을 안고 코로나며 기나긴 장마며 거친 태풍의 긴 그림자를 건너왔다. 누가 TV를 바보상자라 했던가. 우리들은 세상 돌아가는 것을 낱낱이 기억하고 증언이라도 해야 할 것처럼 TV 앞에서 보내는 시간을 아까워하지 않게 되었다.

공중파 채널 A의 '아이 콘택트'(눈 맞춤)는 나의 최애最愛 프로그램이다. 트롯을 제쳐 두고라도 본방이나 재방을 꼭 본다. 이 프로그램은 초대한 자와 초대받은 자가 마주 보고 앉아 5분간 대화 없이 눈맞춤만으로 서로의 마음을 읽은 뒤 누군가 먼저 입을 떼고 대화를 이어간다. 초대한 자의 구체적인 고민과 해결책을 둘이서 같이 찾아보는 일종의 마음치유 프로그램이다. 아이디어가 신선하다. 출연자나 시청자에게 주는 힐링 효과가 대단하다.

9월 중의 한 회차 방송이 대히트였다. 이날 주인공은 후배 배우 신이와 선배 배우 금보라였다. 신이는 대선배 금보라를 애교스럽게 '금보살'이라 부르며 쑥스러운 듯 미소를 띤 채 고민 보따리를 펴 보인다. 30, 40대 여배우들이면 누구나 겪는 결혼 문제, 연기의 인기 문제, 부모님과 가족에 대한 애증 등등 인생 문제 전반에 관한 고민을 털어놓는다. 금보라는 후배의 걱정 하나하나를 망설임 없이 즉설 직언으로 풀어냈다. 매의 눈과 온몸으로 답하는 금보살의 입에서 쏟아져 나오는 말 한마디는 그대로 금언이었다. 그 방송을 시청했던 시청자라면, 기대치 않았던 크리스마스 선물 한아름을 미리 받은 느낌이 들지 않았을까 싶다. 어쩌면 그 방송 하나로 인생의 대전환점을 맞은 시청자도 있을 것이다. 친구들과 내가 그랬듯이. 이는 하나의 사건임이 틀림없다.

  시작부터 간단치가 않았다.
  "사랑은 영원해. 단 상대는 바뀌는 거야. 한 사람과 영원한 사랑은 소설과 영화에서나 가능한 거지."
  그 말을 들으니 일찍 사별을 겪거나 독신으로 살아온 친구, 결혼 50주년을 맞이한 친구 모두의 속이 복잡해진다. 사람의 일, 사랑의 일은 한 치 앞도 모르니 누구나 방심하지 말라는 뜻인가. 에잇, 그냥 소설처럼 영화처럼 살면 어때! 한편으로는 한 사람과의 영원한 사랑이 어렵다는 것이 사랑이 어려워서인지, 사랑 아닌 다른 무엇 때문일지 혼란스럽기도 하다.
  아직 미혼자이며, 연기에 열중하고 있으나 길을 잃은 것 같고 웃음도 잃었다는 신이의 고민을 족집게가 되어 하나하나 풀어주는 금보라의 초특급 처방이 이어졌다. 괜찮은 배우자를 만나기 위해서는 자신이 먼저 괜찮은 사람이 되어야 한다는 것, 배우로서 맡은 역할을 최선을 다해 연기하면 나이가 듦에 따라 자기에게 맞는 역할이 계속 생긴다는 것, 배우가 특별한 사람은 아닌데 특별한 대접을 받고 있다는 것 등.
  이날 대화의 피크는 "배우의 존재가 잊히는 걸 두려워해야지. 나이 드는 것 두려워하지 마. 내가 늙는다는 것도 받아들여야 해."라는 대목이었다. 금보라는 빛나는 미모와 남들이 인정한 연기로 주인공 역할을 했던 젊은 날로 돌아가고 싶지 않으며 지금이 제일 행복하다고 말했다. 할머니 역할을 하긴 좀 젊었고 어머니 역할을 하긴 좀 늦었다고 말하는 60대의 배우 금보라는 어떤 역할이 오던 최선을 다할 것이라고 기쁜 표정으로 말했다.

마침내 이날의 마지막 폭죽이 터졌다.

"인생의 전성기가 언제라고 생각하나?"라고 금보라가 물었다.

"인기가 있고 광고 많이 찍을 때가 아니야."

신이의 대답을 기다리지 않고 금보라가 벼락같이 다음 말을 이어갔다.

"인생의 전성기는 네가 숨 쉬고 있는 순간까지가 전성기야. 무덤에 들어가기 전까지 네가 살아 있는 게 너의 전성기야. 오늘이 바로 너의 전성기, 나의 전성기야."

차분하고 달관한 자의 부드러운 말투였다. 배우 신이에게서 신음하듯 탄성이 새어 나왔다. 마침내 찾고 싶던 것, 듣고 싶던 말을 들은 자의 더 바랄 게 없는 듯한 안도감이 배시시 웃는 모습에서 배어 나왔다. 살얼음 위를 걷듯이 조심조심 금보살에게 다가갔던 시작 때의 신이와는 완전히 달라진 모습이었다. 신이는 단단하고 안전한 땅 위에 올라서서 해방감과 자신감을 만끽하는 자세였다. 잃었던 웃음을 되찾은 것이 역력했다. 호주머니에서 돈을 꺼내 금보살에게 복채를 주는 시늉을 했다. 왜 그동안 맞지도 않는 점집을 찾아다니며 쓸데없는 돈을 썼던가 하면서.

우리 친구들의 환호는 또 어떻고! 맞아! 지금이 나의 전성기야! 우리의 전성기야! 칠십 중반의 나이로 한편으로는 자유롭기도

하고 한편으로는 뭔지 모를 열등감 때문에 주눅이 들어 있던 친구들은 금보살이 마치 우리를 구원해 주었기라도 한 듯 '최고의 철학자'라 했다. 한 친구는 그동안 자기가 특별한 사람이 아님에도 친구들이 특별한 대접을 해 주었다는 것을 알았다고 겸손 모드가 되어 친구들에게 고마워했다.

나는 어땠냐 하면, 눈앞에 홀연히 나타났다가 눈 깜짝할 사이에 사라진 선지식 한 분을 친견한 기분이었다. 잘 사는 것이 잘 죽는 길이란 말은 늘 들어왔지만, 한순간에 지나고 만, 인생 황금기라고 여겨온 그 짧은 세월을, 이렇게 지금 숨 쉬는 순간까지라고 길고도 편안하게 늘여서 말해 준 사람이 있기는 있었던가. 내게 금보라의 존재는 훌륭한 스승들을 공경하는 것이 최상의 행복이라 하셨던 부처님의 말씀을 생각나게 하였다. 나는 존경하는 배우 한 사람을 만나게 된 것이 더할 수 없이 행복했다. 배우 금보라는 인도적인 선행에 앞장선 오드리 헵번이나 자기의 신념을 대차게 피력한 제인 폰다와 같은 세계적인 배우의 대열에 올릴 만한 한국의 세계적 배우라 말하고 싶다.

청명한 가을날, 배우 금보라가 일으킨 즐거운 반란에 나의 움츠려졌던 어깨가 절로 펴졌다. 글을 쓸 때 나이티를 안 내려고 애썼던 자신에게 미안하다고 말해 주었다. 친구들에게 말해 주었다. 친구들아, 우리의 전성기는 아직 계속되고 있다고! 끝나지 않았다고!

용띠 해의 소망

"같은 태양 아래 새로운 건 없다."

원로 소설가 한 분이 어떤 후배 작가의 작품을 보며 새롭기는 하나 완전히 새로운 것은 아니라는 뜻으로 하는 말을 들었다. 아무리 독창적으로 보이는 작품이라 하더라도 비슷한 것은 세상 어딘가에 있기 마련이란 뜻이었다.

새해가 성큼 다가오니 문득 그 말이 떠오르면서 갑진년 한 해를 어떻게 새롭게 보낼 수 있을까를 생각해 보게 되었다. 인생의 오후가 깊어지니 새해에는 시간을 허비하지 않고 이제까지와는 다르고 알차게 살아보고 싶다는 욕심을 가져 본다.

뭉뚱그려 지난날을 돌아보니 2019년부터 2022년까지의 3년 여 팬데믹 기간은 상실의 시대였다. 우리나라에서만 3만 명 이상이 목숨을 잃었다. 가깝던 친구와 동기가 코로나 앞에서 견디지 못하고 세상을 떠났다. 일본에 살던 친구는 알고 지낸 지 몇 년 되지 않았는데 다른 지병과 코로나가 겹쳐 마지막 인사도 나누지 못하고 갑작스레 타계하였다. 유명 소설가였던 대학 동기는 코로나 초기에 감염되어 사람들이 어쩔 줄 몰라 하던 시기에 운명했다.

역병을 피해 생존자의 대열에 서 있는 것만도 행운이다. 하지만 엔데믹이 선언되고도 뿌리 없는 불안과 공포는 여전히 일상에 그늘을 드리우고 있다. 아직 마스크를 마음놓고 떼지 못하는 연유이다. 특히 고령층이 되고 보니 주위에 폐를 끼치지 말아야 한다는 조심성이 더 해져서 소심하게 살아가고 있다.

18년간 타고 다녔던 소형 승용차를 눈독 들이고 있던 동네 카센터 사장에게 넘겨 주었다. 달린 거리가 7만 킬로밖에 안 되어 더 타고 다닐 수 있고 면허도 갱신해서 아직 이별할 준비가 되어 있지 않았는데, 서둘러서 보냈다. 노인층의 운전 위험성이 자주 회자되니 미리 취한 조치이다. 그 차가 동남아로 수출될 것이라 하니 어느 나라에서건 좋은 주인을 만나 계속 사랑받기를 기도하고 보내 주었다.

아끼던 진주목걸이도 영영 보내 버렸다. 일본에서 수리하여 일본 친구가 맡아 가지고 있있는데, 그녀가 어디에 두었는지 그 유가족이 찾지 못하여 영영 나의 손에 돌아오지 못했다. "모든 형성된 것은 사라진다[諸行無常]."고 했으니, 아마 목걸이는 나와의 인연이 거기까지고 제 갈 길이 따로 있었나 보다. 두 나라 사이에 '하늘길'이 막혔고 왕래가 어려워 생긴 일로 여기고 깨끗이 잊어버리기로 했다. 그녀가 내게 준 자주색 울목도리가 목걸이 대신 한겨울 내 목을 따듯하게 감싸 주니 고맙게 여기고 있다.

갑진년 용의 해를 맞아서 짐짓 용트림을 해본다. 새해엔 선택과 집중으로 정리할 것은 정리하고 새로운 일에 집중하겠다고 마음먹는다. 낭비할 시간이 없다고 애소하듯 속삭이는 내면의 소리를 따라 새해의 소망을 손꼽아 보았다.

첫째 소망은 단연 연암의 《열하일기》를 다 읽는 것이다. 필독서 목록에 오래전부터 있었으나 이 나이가 되어서야 손에 잡은 《열하일기》(이가원 역, 명문당, 2023)는 조선조 후기 실학파 학자이자 문학가였던 연암 박지원이 쓴 장편 기행수필이다. 청나라 사신으로 가는 삼종의 수행원으로 북경에 다녀오면서 집필한 것이다. 직접 보고 취재하고 느낀 대로 쉽고 재미있게 썼다. 연암 스스로 수필이라 이름 붙인 여러 작품이 있는가 하면, 그것이 한데 어우러져서 에세이의 큰 강을 이룬다. 그는 한국 수필의 선구자일 뿐 아니라 글 쓰는 이들의 스승이 되고도 남는 인물이다. 젊은 날 짧게나마 기자를 했었고 노년에는 수필가라는 이름으로 활동하는 나는 단박에 그에게 빠져들었다. 기자, 수필가로서 그의 시각과 필치는 신선하고, 언표言表는 깊은 맛이 있다. '기암절벽으로 빽빽해서 꼭 귀신이 나올 것 같다'는 금강산보다 한양의 삼각산이나 도봉산이 멋진 산이라는 새로운 심안에 박수를 쳤다. 직접 취재하고 진실 보도를 지상 과제로 삼아야 할 현대의 저널리스트들이 따라야 할 롤 모델이 연암이 아닌가 한다. 게다가 그는 여행 중 타국의 이용후생利用厚生을 유심히 관찰하고 기록하였다. 지금 말로 하자면 '사회복지 마인드'를 가진 최초의 수필가라 할 수 있다. 현대 사회의 사회복지에 대한 그의 실학자다운 선견지명에 무릎을 쳤다. 갑진년 새해에는 《열하일기》 하나만으로도 과거, 현재, 미래를 아우르며 무한한 시공을 향해 멋진 신세계로의 여행에 취할 수 있을 것 같다.

새해에 하고 싶은 또 다른 일은 계묘년에 읽었던 책 《다키니 파워》(김영란·장윤정 역, 담앤북스, 2022) 안에서 만났던 한 사람인 뻬마 최돈론의 1년 프로젝트에 줌으로 참여할 생각이다. 1936년생으로 미국 여성 가운데 티벳 스승으로부터 배운 불교를 전 세계에 전파하며 작가로서 베스트셀러를 여러 권 가진 승려이다. 다키니Dakini란 고대 산스크리트어로 '깨달은 여성의 화신'을 뜻한다. 티베트어로는 '칸도Khandro'라고 해서 '붓다 본성을 지닌 여성 화신'이라고도 한다. 살아 있는 여성으로 붓다의 지혜를 성취한 이를 일컫는다. 만나기 어려운 법사 중 한 사람인 그녀를 줌으로 한 해 동안 네 차례 가르침을 접할 수 있는 기회가 있어서 참가하려고 한다.

새해에 계속하고 싶은 일이 있다. 30여 명 친구들과 라인댄스 모임을 계속하는 일이다. 희수를 넘긴 평생 친구들이 지금까지 해왔던 것처럼 가볍게 몸을 움직이는 운동을 하며 여유로운 시간의 수다를 빌어 인생의 고뇌도 나누고 현실 생활에 요긴한 정보와 지혜를 나누리라. 우리를 '언니들'이라고 부르며 진심 전심으로 가르쳐 주는 딸 또래의 강사가 우리의 친구가 되어 주는 것이 얼마나 고마운지 모른다. 돌아가신 자기 어머니 또래의 우리를 가르치는 것이 너무 보람되고 즐거워서 열심히 가르친다 했던가. 그녀는 우리에게 에너지 충전원일뿐더러 회색빛 우리나라 교육의 앞날에 푸른 희망을 쏘아 올리는 최고의 교사이다. 안경사라는 본업을 가지고 있으면서 봉사 차원에서 라인댄스 강사로 활동하는 그녀는 우리가 동작을 익힐 때까지 친절과 성의를 다한다. 그리고 예쁜 말을 되풀이하면서 몇 번이고 가르쳐서 끝내는 우리에게 성취감을 안겨 준다. 우리가 필요로 하고 사랑하는 참 선생님의 모습이다. 라인댄스 강사 국금선 선생처럼 주어진 시간을 허비하지 않고 오롯이 자신의 자리에서 자신의 할 일을 성실하고 즐겁게 하는 사람들이 이 사회의 등불이리라.

  새해에는 나도 먼저 나에게 주어진 책임을 다하며 주위를 따뜻하게 비춰 줄 자그마한 등불로 멋진 한 해를 살아보리라 꿈꿔 본다.

4부
감사의 씨앗

수필의 온도

9세기 중국 동산양개洞山良价 선사의 《보경삼매가》에 나오는 한 구절이 눈길을 끈다.

> 통종통도通宗通途 목표를 알면 가는 길도 보인다네.
> 협대협로挾帶挾路 그 길을 스승과 제자가 함께 가네.

불법의 근본 종지를 깨달으면 나머지 길은 저절로 알게 되지만, 그 길을 갈 때는 반드시 스승의 지도를 받아야 한다는 뜻으로 읽을 수 있다. 스승의 지도는 제자의 근기에 따라 개별적이다. 하지만 내용상으로는 아직 가보지 않은 험로에 들어선 제자 바로 옆에 스승이 바짝 붙어서 제자의 수행을 안내하는 것이 맞다.

문학의 세계에도 도제 제도가 없는 바 아니다. 가르쳐 주는 스승이 있고, 수많은 책, 함께 길을 가며 서로 탁마하는 도반 문우, 그리고 무엇보다도 독자가 그 가는 길의 동행자인 동시에 안내자가 되어 준다.

 나는 등단 이후 몇 년간은 고집스럽게 불교와 관련 있는 글을 썼다. 글쓰기를 수행이라고 생각한 이유도 있지만, 수필의 일반적인 속성에 대해 잘 알지 못했기 때문이기도 했다.

 첫 수필집을 내었을 때 작품 평가회를 하면서 수필계 선배들의 귀한 조언을 듣는 기회를 얻었다. 그 자리에서 단도직입적으로 불교적 색채를 최대한 빼고 "불교를 품은 문학을 해야 한다."는 주문을 들었다. 불교의 가르침에 바탕을 두되 불교의 용어를 원론적으로 쓰지 말고 나의 체화된 경험으로 표현하여 독자들이 거부감을 가지지 않고 공감할 수 있도록 써야 한다는 평이었다. 당연하다는 생각이 들었다. 그때 비로소 나의 글쓰기는 "무엇을 왜 쓰느냐"의 목적론에서 "무엇을 어떻게 쓰느냐"의 방법론으로 방향을 바꾸게 되었다. 수필에 대해 좀 더 폭 넓고 심도 있는 공부가 필요했다.

 내가 택한 공부법은 우선 남의 글을 많이 읽는 것이었다. 집에 배달되는 여러 권의 문학잡지 중에서 J 월간지를 택하여 거기에 실린 내용을 처음부터 끝까지 철저하게 읽는 것을 취미 삼아 했다. 독자의 입장으로만 읽는 것이 아니라, 마치 내가 그 글의 작가인 듯 교정을 보고 퇴고하듯이 글을 읽었다. 그러다 보니 어느

새 남의 글을 고치는 일이 수필 공부 겸 즐거운 놀이가 되었다.

J 잡지를 택한 이유는, 배달이 다른 잡지들이 한꺼번에 오는 시기보다 조금 빠른데다가 책이 두껍지가 않아 읽기에 부담이 없어서다. 거기에는 '다시 읽는 좋은 수필', '평론', '세계 수필 산책', '신작 수필' 등 다양한 메뉴가 지루하지 않게 차려져 있다. 책장을 펼치면 수필의 숲이 넓게 펼쳐지고 마치 타임머신을 탄 듯 동서고금의 수필을 자유롭게 만나볼 수 있다. 한 시대를 풍미했던 작가들과 독대하며 그들의 인품과 지성과 감성을 만나는 기회이다. 그들은 수필이 무엇인지를 친절하게 가르쳐 주며, 쉽고 읽기 좋은 글로 수필 사랑의 마음을 보여 준다.

J 잡지의 신작 수필을 보면서, 연필이나 볼펜으로 밑줄을 긋고 의문표도 달고 단어나 문구도 줄이고 줄을 지우고 합치는 등 글의 해체 분석 작업을 한다. 외람되지만, 꽤 많은 기성 수필가의 글을 까맣게 고치게 되다 보니, 퇴고가 미약한 채 서둘러 작품을 내는 작가가 적지 않음을 알게 된다. 물론 나 자신이 제일 먼저 포함된다. 그 경험을 통해서 글을 쓰기 전부터, 그리고 쓰는 과정에서 확인하고 점검하는 모든 것이 교정이고 동시에 퇴고의 작업이라는 것을 실감하였다.

J 잡지에서 처음 만난 고 허세욱 선생을 잊을 수 없다. 그는 수필이 원형 보존의 가공이기에 허구를 용납 하지 않으며, 수필은 넓고 평이하다는 데 위대성이 있다고 가르쳤다. 또한 수필은 붓 가는 대로 쓰는 글이라는 점을 인정하며, 수필에는 주제와 수사

와 감동이 있어야 한다고 힘주어 말했다. 선비정신을 수필의 정곡이라고 했다. 선비정신이란 일찍이 공자가 말한 온유돈후溫柔敦厚이다. "수필은 뜨겁기보다 따뜻하고, 춥기보다 쌀쌀하고, 딱딱하기보다 부드럽고, 슬프기보다 서러운 것, 그러한 성격의 온도가 좋다."는 것이다. 정情이 반드시 수필의 바탕이어야 한다고도 했다.

 내 글에 얼마만큼의 정이 들어 있을지 그 온도가 어떨지, 나는 아직 모른다. 단지 우리가 몸담고 있는 사회를 보다 나은 사회로 만들기 위해 내 위치에서 할 수 있는 일을 하고자 할 뿐이다. 개인적 소아小我에 매달려 이익을 추구하기보다는 부처님이 가르친 지혜와 자비의 마음이 조금이라도 담겨 있는 따뜻하고 부드러운 글로 세상과 소통하고, 내 가진 것을 나누고 싶을 뿐이다.

이유 있는 글쓰기

꽤 오래도록 취미가 무엇이냐 하면, '독서'라고 적었다. 우주 속에서 나와 연결된 수많은 밧줄 가운데 내가 붙잡았던 취미의 밧줄 하나가 독서였을 뿐이다. 거기에 의지하여 세상을 살아가는 법을 배웠다. 그러나 한 번도 독서 마니아는 아니었다.

사회관계망서비스(SNS)의 발달은 너도나도 독자 겸 작가로 만들고 있다. 책이나 신문 등 종이 매체를 비롯해서 모든 정보 기기 사용자들이 동시에 보고 듣고 쓰게 되었다. 어느새 개인이 크리에이디creator런 이름으로 저마다 자신의 메시지를 세상에 내보내는 작가가 되는 현실이다.

이제 내 취미도 독서에서 글쓰기로 옮겨지고 있다. 솔직히 말하면 취미라고 하기보다는 전문 직업이 되어 가고 있다. 대한민국 문인협회 회원이라는 옷이 잘 맞는 것 같지는 않으나 수필가라는 소리를 들을 때는 마음이 훨씬 편하다. 수필가 소리를 들으려면 적어도 1백 편 이상의 작품을 써야 한다 했던 어떤 수필인의 글을 본 적이 있는데 맞는 말인지 아닌지는 모르겠다. 내 생각으로는 그것은 오직 출발에 불과하고, 백 편 이후에 개척하고 단련해 나가야 할 앞길은 험로 같아 보인다. 그래서 나는 글쓰기를 계속할 것인지 말 것인지를 놓고 걱정도 많이 하고, 도망치고 싶어 꾀도 부린다. 글쓰기를 계속하거나 그만두거나 어느 경우라도 반드시 그 이유가 있어야 할 거라고 믿기에 오늘도 고민은 그치지 않는다.

글쓰기는 쓰는 이의 업業으로 끝나지 않고 업보業報가 따르는 일이다. 문여기인文如其人, 글은 바로 그 사람이란 뜻이다. 쓴 글과 그의 사람됨이나 삶의 모양이 같지 않다면 스스로 지은 그 업과 업에 따르는 보를 감당해야 한다.

글쓰기는 자신과의 소통이며 미지의 독자에게서 관심과 공감을 가불하는 것이다. 내가 먼저 독자에게 악수를 청하며 우리 서로 대화를 나누고 공감도 나눠 보자고 움직인다. 혹시 좋은 글을 썼다면서 한두 사람이라도 자기를 알아주는 독자가 있다면 다행이리라. 결과가 그와 같지 않다면, 가불한 것도 못 갚는 글 빚쟁이가 되고, 불어나는 골칫덩어리인 원금과 이자를 감당하느라 허덕이게 될 것이다. 작가라는 이름값을 못 하는 글 빚쟁이 소리는 듣지 않아야 할 터인데….

좋은 글을 부지런히 쓰는 수필가를 만나면 경외심이 든다. 얼마 전 처음으로 그 작품 세계를 들여다보게 된 청주 이은희 수필가(《수필미학》 2020 겨울호)는 놀랍게도 30여 년간 회사 중역으로 일하면서 수필을 써 온 것을 알게 되었다. 그때 아직 50대 초반의 나이에 회사, 수필, 가정 세 직무를 너끈히 소화해 온 그녀 같은 작가가 우리의 수필 수준을 끌어올렸다는 생각이 들었다.

얼마 전에 어느 수필 세미나에서 만난 50대 중반에 이미 여덟 권의 책을 낸 이경은 작가는 아침에 일어나면 글을 쓰는 것으로부터 하루를 시작한다고 했다. 부지런한 것으로 둘째가라면 서운할 사람이다. 그녀는 매일 쓰고 많이 쓰니 글을 더 잘 쓰게 된다고 하였다. 못 쓰는 사람은 아무리 해도 못 쓰고 잘 쓰는 사람은 노력하면 더 잘 써진다고 하는 철학자 김영민의 말이 꼭 맞아 들어가는 경우이다.

내가 글을 쓰는 한 가지 이유는 많이 쓰건 잘 쓰건 상관없이 한 편의 글을 통해서라도 내가 그동안 동안 배우고 받고 살아온 사회의 덕을 어떤 형태로든 사회에 회향하고 싶은 마음, 즉 글로써 내가 할 수 있는 사회봉사를 하기 위함이다. 어떻게 해야 글이 사회에 봉사가 되는, 나도 좋고 남도 좋은 자타이리自他利利가 될 것인지 늘 유념하고 있다. 내 글이 나를 찾고 나와 소통하며, 나를 밖으로 확장하여 나로 인해 사회가 조금이라도 나아지는 데 기여하기를 바란다. 이제 와서 글 쓰는 일 밖의 새로운 봉사 거리를 찾기보다 해 오던 일을 더 잘하도록 노력하는 것이 사회봉사가 되겠다 싶다.

"단막증애但莫憎愛, 단지 싫어하고 좋아하지만 않으면, 통연명백洞然明白, 분명하게 이해하게 되리라."(《신심명信心銘》) 했던 당대唐代의 선사 승찬 대사의 가르침을 따르는 것이 묘법인 것 같다. 글 쓰는 것을 싫어했다가 좋아했다가 변덕을 부리지 않고 자기가 쓰고 싶은 글을 꿋꿋하게 써 나가는 것을 나의 책임으로 자임하는 것이 오만한 일이라고 판단되면, 그때는 지체 없이 붓을 내려놓을 것이다.

많이 써야 한다, 잘 써야 한다는 집착은 내려놓고 힘을 빼면서 나의 있는 모습을 그대를 보여 주는 글을 써보자고 마음을 다진다. 그것이 법보시가 된다면 금상첨화일 것이다.

두꺼운 책 두 권

여름 삼 개월 내내 고생하며 썼던 내 글이 담긴 책이 도착했다. '철학 수필'을 쓰는 모임에서 '욕망'이라는 공통 주제로 각 한 편, 그리고 자유 작품 두 편 등 열 명에게서 각각 세 편의 작품을 모은 것이다. 회원들 대부분 마감 시간을 못 지킬 정도로 마음고생을 심하게 하면서 써낸 작품이 가을의 문턱에 아담한 책 《인간·철학·수필 4》(도서출판 선, 2022)가 되어 나타났다. 반가움에도 선뜻 펴 볼 용기가 나지 않았다. 잠시 호흡을 가다듬고 책을 펴 드니 여러 작가의 작품에 힘들게 썼다는 표시는 어디에도 없고 글들이 노련히고 무르익었디. 역시 선수들이다. 고생 끝에 낙이 온다는 말이 빈말이 아닌 듯싶다. 내 글을 보면서는 '미완성'을 느끼며 갈증에 목이 말랐다.

같은 무렵 한날에 아주 두꺼운 책 두 권이 배달되었다. 먼저 도착한 한 권은《문학의 길 역사의 광장》(한길사)이었다. 728쪽의 두꺼운 책을 펴자 한 후덕한 어머니의 사진이 보였다. 이 책은 저자의 어머니와 그 아들이 살았던 20세기와 지금의 21세기까지 우리나라의 전 세대가 목도하고 겪었던 대한민국의 현대사와 그 격랑을 헤치고 용기 있게 살았던 문학평론가 임헌영 선생 개인의 자서전 격인 대하 수필집이며 평론집이고 역사적 문서이다. 한길사의 김언호 사장은 이 책이 한길사가 2005년에 펴낸《한 지식인의 삶과 사상-대화》와 자매 관계가 될 만한 책이라고 말했다. 그때의 대담자 임 선생을 이번에는 문학평론가 유성호 교수가 만났다. 2020년 여름부터 작업을 시작하여 2021년 9월에 이 책을 세상에 내놓았다. 한마디로 재미있다. 우리 현대사가 재미있을 리야 없지만, 그 굴절 심한 격랑 속에서 펜을 무기 삼아 버티고 선 한 개인이 온갖 풍상을 견뎌낸 이야기를 담았다. 그 기억의 생생함으로 인해 책은 더 빛을 발한다. 이건 빨리 읽어 버릴 책이 아니다. 너무 재미있어서 빨리 읽고 또 읽게 될지 모른다. 아마 이 책이《토지》의 재미를 능가할 수도 있을 것 같았다. 실제 같은 허구보다 허구 같은 실제가 더 재미있을 수 있겠다 싶었다. 아무튼 당분간 심심할 일은 없게 됐다.

몇 시간의 차이를 두고 배달된 또 다른 두꺼운 책은 개인적으로 친척 동생인 윤영수 작가의 환상소설《숨은 골짜기의 단풍나무 한 그루》였다. 출간은 2018년이지만 내가 모르고 있었다. 이 책 또한 두껍기가 앞의 책보다 두 쪽 적은 726쪽이었다. 원고지 3천 매 분량으로 두 책의 높이가 똑같았다. 책의 판형이 앞의 책보다 컸다. 윤 작가는 그 책을 지인들에게 보낼 때 베개로나 쓰라고 농담을 한다 했다. 작가는 노년에 이르러 소설의 본령은 역시 허구이고 판타지라며, 그 책을 그녀 스스로 대표작으로 꼽고 있다. 인간과 나무의 중간쯤에 있는 존재를 주인공으로 하고 인간과 자연이 하나의 완전체임을 그린 동양적인 환상소설이다. 윤 작가는 이 책을 6, 7년간의 작업 끝에 완성했고 그 후 다시 5년 정도를 목표로 친구와 함께 이 책을 직접 영어로 번역하고 있었다. 서양인들에게 꼭 읽히고 싶다면서 본인도 영어 공부를 하면서 열성을 쏟고 있다. 이 책은 분량도 분량이지만 한번 읽기 시작하면 환상 세계에 빠져들어 정신을 차리지 못할 것만 같아서 되도록 마음을 가다듬고 천천히 읽어야 할 책이었다.

  두 권의 무게 나가는 책을 앞에 두니 그 안에 담겼을 작가의 삶의 무게와 희로애락은 물론 글쓰기를 위한 헌신과 고난과 인내가 사뭇 경건하게 느껴진다. 그래서 나는 두 책을 마음으로는 빨리 읽고 싶었지만, 그럴수록 마음과 반대로 집중하며 천천히 정독하려고 한다. 책의 내용도 내용이지만, 그들이 펼치는 책 속의 역사 또는 환상 세계를 더 자세히 들여다보고 싶다. 한 책은 현실 생존에 관한 것이고, 다른 한 책은 상상 속의 환상이지만, 독자는 그 두 세계와 무관하게 외딴섬에서 홀로 사는 것이 아니다. 그 두 세계는 원초적으로 다른 세계가 아니라 이미 서로 연관된 하나의 세상이고, 우리가 살아야 할 세상, 내가 살아가는 세상이다.

　작가는 글을 써서 남에게 주는 사람이다. 물론 자신이 쓰고 싶은 것을 쓰되 독자에게 보여 주려고 글을 쓰는 사람이다. 작가들은 펜과 글로써 삶에는 여러 길이 있음을 보여 주며 구체적으로 삶의 지혜를 전해 준다. 작가는 최소한 쓰는 이도 좋고 읽는 이도 좋은, 자리이타의 삶을 수행하는 사람이다. 글은 곧 사회봉사이다. 큰 작가일수록 행복을 주는 친구 이상의 친구, 스승 이상의 스승, 학교 너머의 학교, 인류를 하나의 공동체로 묶어 준다. 책이 선물이 되고 말고는 받아들이는 독자의 몫이다.

　이 글은 두 책을 다 읽고 쓴 것이 아니라 책의 두께를 만지며 느낀 오감의 소회를 적은 것이다. 아직 오성悟性에 이르려면 시간이 얼마나 걸릴지 모른다. 지금은 읽을거리가 내 앞에 있는 것만으로도 감사하고 행복할 뿐이다.

　성급한지 모르겠지만, 임헌영 선생은 과거《한국의 솔제니첸》5인 가운데 한 사람으로 동명의 책이 영어와 일어로 번역된 적이 있기에 새 책의 번역도 기대를 걸어본다. "소설보다 재미있고, 오늘의 젊은이들이 어떻게 살아갈 것인지를 말해주는 교과서가 될 만하다."라고 출판사 김언호 사장이 말했듯, 이 두꺼운 책이 영어 등 외국어로 번역되어 미지의 세계 독자들에게 전해질 수 있으면 좋겠다. 윤영수 작가의 책은 예정대로 순조롭게 번역되기를 기원한다. 이러한 두꺼운 책들이 번역된다면 된다면 BTS, 〈기생충〉,

〈미나리〉, 〈오징어 게임〉 등 세계로 뻗어나가는 K-Culture와 젊은 이들의 힘찬 기상에 K-Literature가 합세하여 이번에는 노인층 작가들의 지혜를 세계에 전해 줄 수 있을 것이다. 꿈은 이루어진다고 하지 않았는가.

정신과 의사 이근후 박사의 말이 새삼스럽게 다가온다. "지금 내 나이에서 느낄 수 있는 즐거움을 찾으라. 인생을 즐기는 사람은 재미있는 일을 선택하는 사람이 아니라, 아무리 어려운 상황에서도 재미있게 일을 해내는 사람이다." 바로 위의 작가들이 그렇게 살아오신 분들이리라.

어려운 상황에서도 재미있게 일하여 꿈을 이루었을 저 두 저자는 글 쓰는 이들에게 본이 되는 분들이다. 나도 수필가로서 이름에 부끄럽지 않게 멋진 글을 쓰고 싶다. 나만의 소재에서, 주제를 잘 잡고, 힘은 빼고, 나도 좋고 남도 좋은 글을 써서 내놓고 싶다. 글을 써서 남 주는 재미를 실컷 맛보고 싶다.

해가 바뀌고 2023년 여름이 되었다. 윤영수 작가에게서 연락이 왔다. 친구와 함께한 번역을 마침내 끝냈다고. 이젠 출간해 줄 외국 출판사를 찾는 일을 시작했다고. 영어 번역에 직접 참여한 작가가 출간해 줄 출판사까지 찾는 일은 또 다른 대장정이다. 웬만해서는 엄두를 내기조차 어려운 일이다. 그녀는 한 걸음씩 나아가고 있다. 병이 나야 할 사람은 자기인데 내신 남편이 병이 났다고 말하는 그녀, 애잔함에 달리 뭐라 할 말이 생각나지 않았다. 오로지 그녀의 다음 단계 소망이 곧 실현되기만을 기도했다.

4부 감사의 씨앗

논어를 공부하다

 논어의 앞부분 구학求學 편에 "학이시습지 불역열호學而時習之, 不亦說(悅)乎"가 나온다. 언필칭 공부하기를 즐겼다고 하면서도, 이제야 '시습時習'이 새롭게 눈에 들어온다. '때때로' 혹은 '시간을 내어' 배운 것이 몸에 익어 내 것이 되도록 연습하고 닦는 것이 시습이다. 배우는 것이 인因이라면 철저한 복습이나 예습은 연緣이 되고, 그 결과 온전한 지식이 내 것이 되는 과果가 이루어진다. 과와 함께 따라오는 기쁨은 축복이다.

 공자의 시대에는 기쁠 열悅자가 없어서 말씀 설說을 기쁠 열로 말하고 읽었다 한다. 기쁜 일이 있을 때 아무래도 말로 나타내게 되니 그리되었다고 한다. 친구의 남편인 재미 한인 원로 과학자 한 분은 노후 정년이 없는 미국에서 아직 현역이면서 공자를 다시 공부하며 자신이 배워서 아는 기쁨을 남들과 나누어야겠다고 생각하고 봉사를 시작했다고 한다. 학이시습을 '배움과 나눔'으로 실천한 경우이다.

나는 퇴직 후 중국문화원으로 중국어를 배우러 다니기는 했지만, 외국어 학습에 필수적인 복습과 예습에 충실하지 못했다. 배우는 것을 좋아하고 즐긴다고 말로는 하면서도 올바른 학생의 자세가 아니있다. 남이 주는 지식에 자신의 탐구를 보태어 자기 것으로 만드는 것이 지혜로운 학습임에도 외부에서 오는 지식의 흡수에만 과한 욕심을 냈던 것이다. 허영심에 사로잡혀 살았던 지난 시간을 반성해 보지만 잃어버린 시간과 소모된 에너지는 복원될 일이 아닌 것 같다. 이제라도 배움의 자세를 바로잡아 보려 한다.

공자는 배움의 자세에 대해 엄중한 가르침을 주었다. "학이불사즉망, 사이불학즉태'學而不思則罔, 思而不學則殆'가 그것이다. "공부를 하고도 생각하는 바가 없으면 사물의 이치를 깨닫지 못하고, 생각만 하고 더 배우지 않으면 위태롭다."는 뜻이다. 독서는 하는데 사유하지 않으면 미혹함과 무소득뿐이고, 공상만 하고 참되게 학습하지 않으면 정신을 피곤하게 하고 역시 얻을 게 없다는 말이겠다. 학생들에게 틀에 갇힌 공부만 시키느라 자유롭고 독창적인 사고를 길러 주지 못하는 우리나라 교육 제도에 주는 함의가 크다.

공자의 가르침은 시대를 초월하는 살아 있는 가르침이다. 그 유명한 "온고이지신, 가이위사의溫故而知新, 可以爲師矣"가 새롭게 받아들여진다. "옛것을 익히고 새것을 안다."라는 것은 단순한 가르침을 넘는 깊은 뜻이 짚어진다. '온溫'은 복습하다의 뜻이 있으므로 '온고溫故'는 옛것을 거듭 공부하는 것이다. '지신知新'은 새로운 것을 배워 아는 것이다. 그런데 옛것도, 새로운 것도 다 필요하니 균형 맞춰 양쪽 다 똑같이 배우라는 의미보다는 '온고' 속에 들어가서 그 안에서 '지신'을 하라는 의미로 해석하는 사람이 많다고 한다. 듣고 보니 중국에서는 "이미 알고 있는 지식을 복습하고 익히며 그 안에서 이제까지 보지 못하던 새로운 것까지 체득할 수 있어야 그로써 남들의 스승이 될 수 있다."라고 해석하는 것이 대세라 한다. 접속사 '이而'가 '그리고'의 뜻을 넘어 앞 문장의 보어補語로 쓰인다. 그러고 보면, 이전의 잘못 속에서 교훈을 얻지 못하고 똑같은 잘못을 되풀이하는 우리네 현실 정치는 이제 고쳐졌으면 좋겠다는 생각이 절실하다. 옛것과 새것의 분절 없는 이어짐이 가능하고 후대가 선대를 스승으로 삼을 수 있는 그런 날이 꼭 오기를 기다려 보리라.

인생의 즐거움을 벗에서 찾은 공자는 시대를 초월한 현실 세계의 실상을 간파하였다. "유붕자원방래, 불역낙호有朋自遠方來, 不亦樂乎"라 하였다. 공자는 친구가 먼 곳을 마다치 않고 찾아 주는 기쁨을 말했다. 고립되고 소외되기 쉬운 현대 사회에서 친구는 존재만으로도 든든한 응원군이다. 지금과 같은 인터넷 시대에는 멀리 떨어져 있건 가까이 있건 친구는 엔도르핀을 돌게 하는 활력소, 보약 같은 존재임을 실감한다. 공자는 일찍이 이런 세계가 올 것임을 상상으로 알았으리라.

"인부지이불온, 불역군자호人不知而不慍, 不亦君子乎"는 "사람들이 알아주지 않아도 성내지 않으면 군자가 아니겠는가?"란 뜻이다. 사람들의 수행과 품격을 말해 준다. 성낼 온慍자는 성내고 노여워하고 원망한다는 뜻이니 '부지불온'은 다른 사람이 나를 알아주지 않아도 결코 원망하지 않는, 군자의 경지이다. 주유천하하면서 제왕들에게 정치에 대해 가르치다가 뜻을 이루지 못한 공자는 자신의 천명天命을 깨닫고 귀향하여 제자들을 가르쳤다. 세상을 원망하지 않은 결과 공자는 세계인이 지금껏, 그리고 앞으로도 계속 탐구할 고전을 남겨 주었다. 그가 주창한 유학과 유가사상이 무조건적인 호응을 받고 있지는 못하더라도 공자는 동서양을 넘어 인류의 영원한 성인이고 스승임은 아무도 부정할 수 없으리라.

중국어 공부

2011년 8월 퇴직한 후 광화문에 사무실을 얻었다. 정리하지 못한 책들을 집으로 끌고 들어갈 수가 없어서 책을 두고 정리할 공간이 필요했기 때문이다.

그해 가을, 광화문 근처를 산책하던 중 우연히 중국문화원을 발견하였다. 중국어 교육 프로그램이 있었고 마침 마감이 지났던 때라 대기자 명단에 이름을 올려놓고 돌아오니 곧 연락이 왔다. 퇴임 후 외국어 공부는 치매 예방에도 좋다 하고, 한자를 배운 세대이므로 중국어가 그리 어려울 것 같지 않아 망설임 없이 곧바로 등록했다. 재임 시절에는 시간을 내어 동사무소에서 일본어를 배웠기에 한·중·일 세 나라의 말은 알아 두는 것이 좋겠다 싶었다.

수업 초기 어느 날, 문화원 원장이 불쑥 수업 시간에 들어와서 강화講話를 하였다. 강사들이 잘 가르칠 것이며 예습 복습을 철저히 하면 4년 안에 공부를 마칠 수 있다고 하였다. 강사들은 대부분 한국의 대학에서 박사 과정을 공부하는 중, 문화원에서 중국어를 가르치는 젊은 원어민들이었다. 한중 두 언어와 문화에 능통한 이중 언어, 이중 문화의 달인들이었다. 한국인 남성과 결혼한 일부를 제외하고는 대개 유학 후 본국에 가서 교수직을 가질 사람들이었다.

학생은 퇴직자가 대부분이었고 중년층은 여성이 많았다. 중년 여성들 가운데는 문화원에서 기초를 닦은 뒤 방송통신대 중문과로 편입하는 이들도, 방통대를 졸업하고 온 이들도 있었다. 중·노년층의 향학열이 사뭇 뜨거웠다.

교수 출신의 나는 그리 좋은 학생이 못 되었다. 몇 년 안에 중국어를 마스터하겠다는 목표도 없었다. 예습 복습이 필수적인 외국어 공부의 기본을 지키지 못했다. 같은 시기에 시작한 수필 공부와 수필 쓰기에도 시간이 모자란다는 핑계 아닌 핑계가 있었다. 중국에 대해 알아 가는 것만으로도 글쓰기의 소재가 넓어지고 글쓰기에 도움이 될 것이라고 안이하게 생각하고 기대가 컸다. 결과는 지명히였다. 문화원에 다니는 햇수에 비례해 실력이 늘기는커녕 늘 제자리걸음이있다. 글쓰기의 소새가 넓어진 것만은 사실이었지만, 그건 부차적일 뿐이었다.

나의 중국어 공부는 코로나 팬데믹 이후에도 계속되었다. 교실

대면 수업이 줌이나 스카이프 등 온라인 수업으로 바뀌고 집 안에서 수업을 받았으니 계속할 수 있었다. 아무래도 소수가 줌으로 얼굴을 맞대고 공부하다 보니 수업하면서 소리내어 읽기, 발음, 성조聲調, 작문 등 나로서는 기본부터 다시 배우는 셈이었다. 강사가 학생을 차례로 지명하며 시키는데 준비가 없으면 망신이었다. 창피를 면코자 예습을 해 놓으니 수업이 점차 재미가 있어졌다. 잠자리에서 일어나면서도, 잠자리에 들기 전에도 중국어 책을 들여다보고 싶었다. 어느덧 중국어 학습이 취미가 된 듯싶었다.

내가 갑작스럽게 열심히 하니까 어느 날 남편이 물었다. 왜 중국어를 공부하느냐고. 나는 "재미있어서 그냥 한다."고 대답했다. 남편이 빙그레 웃으면서 말했다. "그래, 합리성을 중시하는 서양에서는 목적이 있어야 하겠지만, 동양에서는 목적 없이 그냥 한다는 것이 이유가 될 수 있지." 했다. 자기는 배우지는 않으면서 나의 수업을 옆에서 지켜보는 남편은 중국어는 성조에 따라 노래하듯이 음률이 있어야 한다며 나를 가르치기도 했다. 사실 그는 노래를 아주 잘하는 사람이고 나는 아주 못하는 사람이다. 그 차이가 언어 학습에도 나타나는 것 같다. 특히나 성조가 중요한 중국어를 그가 배운다면 잘할 텐데, 자기는 배우지 않으면서 내게 참견한다.

중국어가 취미가 되고 나서야 중국어 공부가 나의 글쓰기에 실제로 도움이 된다는 것을 알게 되었다. 글은 어디서나 마찬가지이다. 수필반에서의 글쓰기와 중국어 공부는 언어는 다르지만 문장을 배운다는 점에서는 하나였다. 중국어의 문장 구성이 생각의 길을 따라 기승전결의 문장으로 이어지는 것은 우리의 글쓰기와 다를 바가 없다. 제목은 주제와 관련이 있고, 주제와 관련하여 쓸 내용의 구성이 먼저 짜진 다음에 쓰는 단락을 채워가면, 글 전체가 비교적 쉽게 마무리된다.

문화원에서 중국의 유명한 책을 만날 수 있었던 것은 나에겐 행운이었다. 중국 4대 기서의 하나라는 《홍루몽》도 읽었고 '시가·산문감상반'에서 공자의 《논어論語》도 다시 만났다. 특히 논어를 통해서 공부의 바른 기초부터 다시 배우게 되었다. 50여 년 전 대학 시절 교양과목으로 배웠지만 잊고 살았던 논어 몇 구절을 다시 보니 그 의미가 새롭고 정신이 맑아졌다. 마치 묻어 둔 채 잊고 있던 보물을 다시 찾아 부자가 된 느낌이었다.

2023년 가을 현재 나는 중국문화원에서 개설한 《도덕경》 강의를 수강하고 있다. 내가 가장 좋아하는 철학서인 도덕경을 원어민 강사와 함께 공부하는 맛은 그 어떤 것에도 비교할 수가 없다. 아마 2024년 한 해 동안에도 다 끝나지 못할지 모르지만 상관없다. 빛나는 동양의 지혜를 담은 세계적인 고전 도덕경을 다시 잡았다는 그 자체가 나에겐 행복이다. 우리는 도덕경 다음에는 장자로 갈 계획으로 가슴이 부풀어 있다.

글쓰기와 인생사

　글쓰기와 나의 인연은 고등학교 시절로 돌아간다. 시인 박명성 선생님의 작문 시간이 유독 좋았던 고2 때 교내 문예 콩쿠르에서 수필을 처음 써 보았다. 입상도 처음 해보았는데, 그때의 제목이 '길'이었다.

　수십 년이 지나 그때 썼던 내용이 도무지 기억나지 않는다. 그때 '길'은 어떤 길이었을까, 지금도 길 위에 서 있는데, 그때 그렸던 앞날의 길과 이미 지나온 과거의 길이 서로 만나기는 했을까, 하고 지금의 내가 옛날의 내게 묻곤 한다.

　그동안 지나온 길을 되돌아본다. 산 넘고 물 건너 여기까지 온 것만도 대단하다고 하지 않을 수 없다. 애초에 생각했던 길과 같은 길을 걸었거나 다른 길을 걸었거나 우리에게 소중한 건 지나온 길을 걸었고 오늘 여기의 현존을 맞이하고 있다는 점이다.

　사회생활을 하면서 우리는 인생의 길을 본격적으로 찾기 시작한다. 사회생활을 신문 기자로 시작한 나는 기자를 그만둔 뒤 다시 학업의 길로 나아가 대학에서 교편을 잡았다. 퇴임하고 나서는 노후의 새로운 일거리로 수필 공부의 길에 들어섰다. 그리고 그 길도 10년이 훌쩍 넘었다.

　수필 공부는 배워갈수록 어려웠다. 그냥 붓이 가는 대로 쓰는 잡기雜記가 아니라, 수필은 현실의 이야기로 의미가 있고 읽는 재미가 있어야 한다. 문학성은 물론이고 실제적인 정보 또한 담겨야 한다. 소재나 주제로 보면 누구나 쓸 수 있는 이야기이지만, 사물을 관찰하는 통찰력, 문학적 감성, 서사 구성 기술도 뒤따라야 한다. 타고난 재능이 수필 쓰기에도 필요하지만, 더 필요한 것은 많이 써 보는 것이다. 많이 써 보면서 스스로 군더더기를 추려내고 골계미滑稽美를 드러낼 수 있을 때 한 편의 수필이 탄생한다. 그러나 그것은 이상일 뿐이지 결코 쉬운 일은 아니다.

　수필은 자서전보다는 자화상에, 동영상이 아니라 한 컷의 사진에 가깝다고 한다. 글로 자화상을 그리는 것은 어려운 작업이다. 글쓰기는 오랜 시간 혼자의 세계 속에서 활개를 쳤던 자아自我를 하나씩 꺼내 보이면서 자신이 누구인지를 살펴볼 수 있는 작업이기 때문에 수필 쓰기가 자화상을 드러내는 글이란 말에 동의한다. 그러나 수필을 쓰는 사람도 많고 읽는 사람도 많을진대 '각자 속에 들어 있는 너무 많은 나' 가운데서 어떤 부분에서 서로 전기가 통하듯 공감을 나눌 수 있을지는 미지수로 남겨야 할 것 같다.

　임헌영 교수는 수필을 쉽게 정의해 준다. "수필은 일상의 소재에서 하고 싶은 말(주제)을 찾아 자유롭게 쓰는 것이 전부"이며, "수필이 이래야 하고 저러면 안 된다는 황금률이 없다."는 것이다. 작가들이 자기 개성대로 독창적인 글을 쓰라고 장려한다. 그게 다가 아니다. 임 교수는 퇴고를 중시한다. 그는 학생 작가들을 지도할 때 "이제 글은 되었으니 잘 퇴고해서 내세요."라고 한다. 그때부터의 작업은 지난하다. 그의 '퇴고'라는 말에는 글에서 작가의 가치판단과 사실판단이 혼란스럽게 섞이지 않도록 해야 한다는 뜻이 들어있다. 육하원칙에 맞게 사실판단을 해야 하며, 상황을 이해하기 쉽게 정리한 다음 작가의 가치판단(때로는 편견일 수도 있는)을 제시해야 한다는 것이다.

　퇴고는 문장과 문맥을 주제에 맞게 다듬는 일이다. 작가에게 퇴고가 무겁게 느껴지는 것은 당연하다. 처음부터 주제가 불확실하고 문장 표현이 주제를 명확하게 따라가지 못할수록 퇴고 작업은 어려워진다. 고생 끝에 다듬어 낸 글은 결이 곱고 간결하며 아름답고 글의 완성도를 높여 준다.

　《수필학강의》의 저자인 신재기 교수는, 퇴고의 어려움에 대해서 꿀팁을 준다. 간단하다. 글을 다 쓴 후에만 퇴고하려 하지 말고 글을 쓰는 동안 교정과 함께 해 나가라는 것이다. 문법에 맞게 글을 쓰는 동시에 단락과 단락이 주제와 어우러지는가를 살피며 단락을 이어 가라고 했다. 글을 쓰면서 교정과 퇴고를 동시에 같이 해 가는 기술, 그것은 원고지가 아닌 컴퓨터로 글을 쓰고 편집하는 시대에는 사실 그리 어려울 게 없다면서. 글을 문법에 맞게 쓰면서(교정) 문장을 다듬는 것(퇴고)은 컴퓨터가 상당 부분 도와줄 수 있는 일이라고 하였다.

 나로서는 교정도 어렵고 퇴고도 쉽지가 않다. 교정과 퇴고가 우리네 인생사를 닮았기 때문이다. 글의 주제는 곧 우리의 인생관, 즉 삶의 방식에서 나오며, 삶의 무대 속에서 벌어지는 모든 일상사가 글의 소재가 된다. 글쓰기가 교정과 퇴고를 필요로 하듯이, 삶의 방식이나 크고 작은 일상사 또한 바로잡음과 향상을 요한다. 어린아이가 어른이 되듯이 인생의 길은 배우고 고치고 다듬어 가는 과정이기도 하다. 어려서부터 바른 언어를 쓰고 바른 행동을 하는 것이 글의 교정이라면, 오랜 시간이 지나면서 습득된 나쁜 습관이나 그릇된 행동을 고쳐서 좋은 습관과 행동을 배우고 실행하는 것은 글의 품격 향상인 퇴고에 해당하리라. 이것이 동시에 이루어질 수 있다면 더 바랄 것이 무엇이랴. 설사 간격을 두고 이루어진다 해도 감지덕지일 터이다.

 어리석은 인간은 교정의 바른 때를 놓치고 누적된 업業을 견디지 못하며 고통스러워한다. 만약에 운이 좋다면, 무거운 짐을 평생 짊어지고 다닌 뒤 마지막 단계에 이르러서 모든 것을 한꺼번에 내려놓을 수 있는 행운을 맞이할 수 있다. 교정과 퇴고가 매일의 일상생활 속에서 이루어지지 않으면 치러야 하는 대가가 적지 않다.

  교정과 퇴고가 동시에 또는 간격을 두고 가능하다고 보는 인도주의적 인생관을 피력한 대표적인 심리사회자가 에릭 에릭슨이다. 그는 인간 발달의 출발이 같다고 해서 다 같은 목표점에 도달하는 것은 아니며, 비록 출발점이 다르다 해도 전체의 발달 과정에서 각 단계마다 위기를 잘 견뎌낸 사람은 발달의 최종 목표인 '지혜'를 성취할 수 있고 절망스럽지 않게 죽음을 맞이할 수 있다고 했다.

  완전하게 교정도 퇴고도 못 하고 내왔던 글들 앞에서 부끄러움을 느끼며 내 인생도 곱게 다듬지 못하고 살아온 건 아닌가 반성해 본다. 하지만 에릭슨에 힘입어 교정과 퇴고 사이에서 헤매더라도 교정도 가능하고 퇴고도 가능하다는 희망 하나로 안심하고 나아가려 한다. 글쓰기의 작업이 내 인생의 가는 길도 좀 더 바르게, 좀 더 다듬는 노력을 하며 살라고 가르치는 듯해서 고맙다.

십 년 공부

나는 철학자 김형석 교수가 말하는 60부터 75세까지의 인생 황금기 중 10년을 뚝 떼어 하고 싶던 공부에 바칠 수 있는 행운을 누렸다. 정년퇴임 후 지난 10여 년간 나름대로 여러 일에 열심을 다했다. 글쓰기 공부, 중국어 학습, 불교단체 활동, 친구들과의 라인댄스 등이 그것이다. 그 모두를 각각 10년 이상씩 했다. 잘하겠다, 최선을 다해서 어떤 목표를 이루겠다는 목표 의식이 없었던 것이 오히려 내겐 좋았던 것 같다. 스트레스를 받는 일이 없이 활동 자체와 과정을 즐길 수 있었기 때문이다. 코로나 팬데믹 기간의 제한된 대면 활동으로 온라인 세계로 활동이 확대되면서 적응하느라 허둥대기도 했다. 하지만 새로운 시대에 적응하는 걸 배워야 하니 그것도 나쁘진 않았다. 아무튼 시간 가는 줄 모르게, 순식간에 십 년이 갔다는 것이 믿어지지 않는다.

라인댄스 시간을 같이하는 한 친구는 내가 한 일 가운데 제일 잘한 것이 라인댄스 모임에 나온 일이라고 과장 아닌 칭찬을 거듭하고 있다. 아마 자기 자신도 칭찬하고 싶어서 같은 말을 되풀이하고 있는지도 모르겠다. 또 다른 친구는 어디 가서 10년 했다고 말하지 말라고 한다. 도무지 실력이 늘지 않는 내 꼴이 한심해서 하는 말이다.

최근에 한 세미나에서 만난 수필가 한 분이 나보고 무슨 운동을 하기에 이렇게 날씬하냐고 '예쁜' 질문을 해왔다. 나는 원래 체중이 많이 안 나간다는 소리를 하고 싶지가 않아서 라인댄스를 한다고 했더니 "역시 그렇군요."라고 하면서 내가 운동을 잘하는 사람으로 인식하는 것 같았다. 그게 아닌데…. 굳이 해명하지 않았다.

중국어 공부에 대해서는 내가 이 나이에 그 어려운 한자를 붙잡고 있다고 생각해서인지 '불쌍하다'고 동정의 농을 하는 친구도 있다. 사실 나 자신이 보기에도 불쌍하기는 하다. 중국어도 외국어인데, 다른 일을 핑계로 외국어 공부의 필수인 예습과 복습을 게을리했다는 늦은 자괴감이 든다. 그렇다고 이제 와서 돌이킬 수도 없으니 앞으로나 잘하리라고 다짐해 볼 뿐이다.

불교 공부를 위해서 국제 포교사도 되었고, 국제적인 선禪치료 전문가로부터 선치료에 대해서도 배웠다. 선치료는 치료자가 내담자의 문제를 직접 해결해 주는 해결사가 되는 것이 아니다. 마치 동굴과 같은 무의식 세계에 저장된 억압된 자의식을 빛의 세계인 의식 세계로 끌어올려서 내담자가 바로 볼 수 있도록 해주는 역할을 한다. 동굴 너머의 빛을 향해 가는 내담자의 외로운 여행길에 안전한 안내자가 되어 주는 것이다. 내담자와 동행하는 보살의 길이다. 남을 상담하는 원리로서 훌륭하기도 하지만 우선 나 자신의 문제를 볼 때 큰 도움이 되었음은 말할 것도 없다.

어쨌든 나는 퇴임 후 우직할 정도로 양적으로 많은 시간을 공부하는 데 바친 것이 사실이다. 들인 노력이 충분치 않아 학인으로서 내 개인이 성취한 결과는 그리 만족스럽지는 않다. 여러 가지 일에 참여할 수 있었던 지난 10여 년 동안 유엔에서 말하는 '노인들을 위한 원칙'을 어느 정도는 지켰다는 자부심은 크다. 그것은 노인의 자기 결정권과 존엄성의 원칙이다. 내가 하고 싶은 일을, 나 스스로의 결정으로, 아무런 제약을 받지 않고 할 수 있었다는 점은 행운이었다. 자기 일에 관한 결정권의 행사와 자율적인 참여는 노인의 경우에도 다른 세대와 마찬가지로 자기 자신의 고유한 권리이며, 그 책임도 당연히 자기 몫이다. 좋든 싫든 자기 일은 자기가 결정하고, 그 결정에 자신이 참여해야 한다. 자기 결정의 권리는 또한 내가 전공한 사회복지의 최고 가치관이기도 하다.

이보다 더 중요한 깨달음이 있었다. 어쩌면 이제까지의 내 인생에서 가장 중요한 깨달음이 될 수 있을 그것은 그 어떤 것도 나 혼자의 힘으로 된 것이 아니며, 누군가가 보이게 보이지 않게 도와주는 손이 있었기에 가능했다는 것이다. 불교에서 말하는 보살들이 바로 그러한 존재이다. 누구나 부처가 될 수 있고 부처이듯이 보살 역시 사람의 모습으로 우리 가운데 존재한다. 누군가가 나에게 보살이 되어 도움의 손길을 내밀지 않고는 나 혼자서 하고 싶은 대로 다 할 수는 없었을 것이다. 그 중심에 배우자가 있다.

함께 늙어 가는 배우자는 아내인 내가 하고 싶은 것을 할 수 있도록 나 대신 집안 살림을 도와줬다. 로봇 청소기 돌리기, 재활용품과 생활 쓰레기 내놓기, 설거지 등 힘든 가사 노동을 기꺼이 맡아 주었다. 그는 살림의 선수가 되어 있었다. 자칭 금손인 남편은 컴퓨터며 스마트폰 사용에 서툰 나를 도와 공부할 여건을 만들어 주었을 뿐 아니라, 나의 글쓰기에 기꺼이 멘토 역할도 맡아 주었다. 내가 글쓰기를 그만두고 싶다고 말할 때는 "그러지 않으면 좋겠다. 뇌 운동을 위해서라도 글 쓰는 노력은 계속하는 것이 좋겠다."는 대답이 돌아왔다. 자기는 아무것도 쓰지 않는 무기록無記錄의 삶, 한가한 청복淸福을 누리면서 말이다. 그때의 대화 덕분에 나는 써야 한다는 강박에 사로잡히지 않고, 안 써질 때는 좀 쉬기도 하고, 쓰고 싶은 게 있을 때는 발표의 부담 없이 그냥 쓰고 싶은 대로 이것저것 많이 쓰게 되었다.

내가 외출할 때 그가 하는 말은 늘 정해져 있다. 미리미리 준비하고 서두르지 말고, 택시비 아끼지 말고 타고 다니기, 발 조심, 넘어지면 안 돼, 그런 말들이다. 그래서 나는 발 조심에 늘 주의를 기울이고 택시도 자주 이용한다.

  누구나 변화를 받아들이는 것이 쉽지 않다. 특히 노년이 되었을 때는 자신의 처지가 젊은 날과 중장년 때와 다르다는 것을 바르게 받아들여서 변화에 적응하는 것이 중요함에도 고정관념에서 벗어나기가 어렵고 반응 속도도 느려진다. 그래서 노년에 어릴 적 혹은 젊은 날의 집착과 고집을 과감하게 내려놓고 바뀐 환경에 새롭게 적응하는 일이 큰 숙제이다. 바르게 알아차림을 해야 할 진리가 도道라고 한다면, 실제 생활에서 받아들이고 적응함은 덕德이라 하겠다. 노인이 되어서도 삶은 향상되어야 한다. 평소 살아왔던 습관대로 살고자 변화를 수용하지 못하고 평소 성격을 고수하려 한다면 향상된 삶을 살기가 어렵다. 노후에는 부부간 성격 차에 연연하지 말고 서로 돕고 소통하는 대화 방식을 찾아서 각자의 행복만이 아닌, 두 사람 관계의 행복을 추구하는 것이 훨씬 건강한 삶이다. 나이와 상관없이 여건이 어떻게 변하더라도 포기하지 않고 건강한 관계를 이어 가려는 의지가 얼마가 될지 모르지만, 지나온 10년이 내 인생 마지막 구간을 어떻게 맞이할 것인지에 대한 귀한 열쇠가 되어 주기를 간구한다.

개천에 핀 장미

 자주와 흰색이 섞인 듯 연자줏빛의 장미 한 그루가 환하게 그려진 《개천에 핀 장미A rose in a ditch》(2021)라는 책이 눈앞에 있다. 여성 노벨 문학상 수상 작가 펄 S. 벅Pearl S. Buck 여사의 양딸인 순이 줄리 헤닝Henning 부인의 한글판 자서전이다. 장미 머리 너머 하늘에서는 노란 햇살이 팔방으로 뻗어 나오며, 개천가에 심어진 장미 한 그루가 꺾이지 않고 그 자리에서 아름답게 꽃을 피우도록 지켜 주고 있는 듯했다.
 책의 페이지를 넘기기가 쉽지 않다. 남의 이야기가 아닌 전쟁 후 한국 사회, 한국의 역사를 소환하는 가운데 세계적인 작가 펄 벅을 우리 앞에 소개하는 여정이 매우 극적이기 때문이다. 이 책은 기지촌에서 어린 딸을 데리고 살며 오로지 교육만이 미래라고 딸을 교육시키려 했던 엄마를 갑자기 잃은 어린 순이가 '20세기의 스토'라고 불리는 박애주의자 펄 벅을 만나 '신데렐라'가 된 이야기를 담고 있다. 스토 부인은 흑인 노예들을 해방하는 기폭제가 되어 준 위인인 반면, 펄 벅은 동서의 만남으로 아시아인과 미국인 사이에 태어난 혼혈아들(그녀는 그들을 아메라시언이라 명명했다)이 어느 나라에 살던 존엄한 삶을 살 수 있도록 미국 입양과 태어난 곳 현지에서의 정착 두 갈래로 혼혈인을 도왔던 선각자였다. 책의 뒷부분을 먼저 전하자면 신데렐라의 뒷얘기는 해피엔딩이어서 독자로서는 더할 나위 없이 기분이 좋다.

백인계 혼혈인 순이의 친모는 북한의 가난한 집에서 입 하나 덜려고 혼자 남한에 내려온 피난민이었다. 만난 남자가 있었으나 6.25전쟁 때 죽고 태어난 아이는 두 살 때 먹이지를 못하고 잃었다. 순이는 친모가 나이 스물세 살, 피난지 부산의 찻집에서 일할 때 만난 미군과의 사이에서 1953년 5월 14일 태어났다. 아버지가 준 이름이 줄리였다. 본국에 가정이 있는 남자였던 아버지는 아이를 데려가고 싶어 했으나 엄마가 허락하지 않았다고 한다. 그것이 설사 엄마의 거짓말이었다 하더라도 순이는 엄마가 자기를 보내주지 않은 것을 감사하게 여겼다.

환도 후 정 여인은 아이를 데리고 비무장 지대가 가까운 기지촌으로 이주했다. 한국에서 살려면 다른 아이들의 이름과 비슷해야 했기에 줄리의 이름을 순이로 바꿔줬다. 모녀는 엄마의 수입이 없어 쌀 한 톨 없는 날엔 물로 배를 채웠고 민들레를 캐다 먹었으며 질기고 소화도 안 되는 나무껍질을 벗겨 끓여 먹고 아픈 배를 움켜쥐고 자기도 하는 등 지독한 궁핍의 날들을 보냈다. 동네의 아주머니들은 엄마와 함께 고난을 꿋꿋이 이겨내는 착한 아이 순이를 '개천에 핀 장미'라고 부르며 예뻐했다. 엄마는 순이를 애지중지했다. 어린 딸 역시 엄마를 사랑했고 엄마가 원하는 것과 같이 자신도 오로지 공부에 몰두하였다. 모녀는 동네 산에 있는 절에 올라가서 무섭기만 한 사천왕문을 지나 부처님 전에서 무릎을 꿇으며 모녀를 지켜 달라고 간절하게 기도했다.

한국전쟁 이후 태어난 혼혈아들에게 나라의 아동복지라고 할 만한 것은 없었다. 국내에 들어온 외원外援 기관이 정부를 대신하여 해외입양과 시설 구호를 도맡다시피 했을 뿐이다. 나이가 어린아이들은 입양이 수월했으나 나이가 든 소년소녀들은 기지촌 인근에 있는 보육원에서 보호를 받았다. 보육원에 가야 그나마 보육원에서 운영하는 학교에 다닐 수가 있었다. 지역사회에서 어머니들과 힘겹게 살아가야 했던 혼혈아들에 대한 정부의 서비스는 사실상 전무했다. 외원 기관들에 의한 해외입양만이 국가의 대책이었던 시절이다. 점차 혼혈아가 아닌 전쟁고아들이 해외입양에 보내졌고 심지어 고아가 아니어도 가난한 가정이나 미혼 부모 가정에서 해외입양을 바라며 아이를 버리는 풍조도 생겼다.

순이 엄마는 딸을 입양 보내지 않았다. 몸이 아파서 아이를 돌봐 줄 수 없으면 이따금 보육원 시설에 보냈다가 곧 데려오곤 했다. 한때 순이의 입양이 결정되었던 때가 있었으나 마지막 순간 엄마는 보육원에 가서 아이를 찾아왔다. 순이의 기록은 그때 입양기관이었던 홀트 아동복지회에 그대로 남아 있다.

엄마와 함께 살고 있던 순이는 출생증명서가 없어서 초등학교에 입학할 때는 인근 성당 신부님의 성을 빌려서 '구순이'로 1960년 3월 초등학교에 들어갈 수 있었다. 일반 아동들과 함께 다니는 학교에 가니 아이들이 '더러운 튀기', '양키 마귀'라고 놀리고 돌멩이도 던졌다. 그런 순이에게는 공부가 제일 쉬웠다. 공부 때문에 조롱받은 일은 없었다. 보육원에 가야 음식을 제대로 먹을 수 있었기에 6학년은 보육원에 들어가서 학교에 다녔다. 하지만 중학교는 의무교육이 아니라서 들어갈 엄두가 나지 않았다. 초등학교를 졸업하고 순이는 엄마가 쌀 사는 것을 돕기 위해 구두를 닦거나 껌을 팔고 개울에 나가 남의 빨래를 해주었다.

그 무렵 순이네는 운 좋게 펄 벅 재단을 알게 되었다. 펄 벅 재단은 1964년 미국 펜실베이니아에 본부가 설립된 이래 1965년에 서울에 한국 지부 사무실을 열었다. 혼혈아동이 사는 지역사회를 찾아다니며 도움이 필요한 아이를 발굴하고 그들의 생계와 교육을 지원했다. 펄 벅 재단은 혼혈아동의 입양보다는 한국 사회 정착을 돕고자 했다. 이때 친모와 같이 살고 있던 윤수일, 인순이같이 나중 유명 인사들이 된 혼혈아동들이 펄 벅 재단의 지원을 받을 수 있었다 펄 벅 재단은 1967년에는 유한양행 창립자인 유일한 박사로부터 소사 공장(현재 부천시 심곡동)의 부지와 건물을 기증받아 '소사 희망원(Sosa Opportunity Center)'을 개원하여 혼혈아들이 한국 사회에서 정착하는 데 필요한 기술 교육을 시키기 시작했다. 희망원은 펄 벅 여사의 별세 후 1975년에 폐쇄되기까지 1,500~2,000명의 원아들에게 도움을 준 것으로 알려지고 있다. 펄 벅 여사는 1960년 처음 한국을 방문했지만 《한국에서 온 두 처녀》(1951)를 비롯해 《살아있는 갈대》(1963), 《새해》(1968) 등 한국에 관한 소설 세 편을 발표한 바 있다. 그녀는 1969년 마지막 여덟 번째로 한국을 방문하기까지 올 때마다 희망원에 머물며 아이들과 같이 생활하였다.

순이는 소사 희망원의 주선으로 어렵게 1967년 3월 서울에 있는 중학교 입학시험에 합격했다. 미국인 부부의 서울 집에 입주하여 중학교에 다니게 되었다. 모든 비용은 재단의 후원자들에게서 오는 것이었다. 엄마는 격주로 집에 가서 만났다. 엄마는 딸과 떨어져 지내는 것을 못 견뎌 했다. 가지 말라고까지 했다. 그러던 중 순이는 학교에서 어느 날 엄마의 비보를 들었다. 서른여섯 살, 엄마가 저수지에 뛰어들어 목숨을 버렸던 것. 순이는 목숨같던 엄마를 잃고 완전한 고아가 되었다. 1967년 5월, 열세 살의 순이는 희망원 기숙사로 거처를 옮기고 왕복 4시간 이상이 걸리는 서울의 학교에 다녔다. 1968년 중학교 1학년을 마칠 때 6백 명 이상의 여학생 중 성적이 전체 1등이었다. 1968년 이른 봄 펄 벅 여사가 한국에 왔다. 열네 살의 순이를 본 펄 벅 여사는 자기의 딸이 돼서 미국에 가서 같이 살지 않겠느냐고 말했다. 오랫동안 순이를 위해 보이지 않게 준비되어 온 듯한 사랑의 손길이었다.

 펄 벅은 일찍이 두 번째 남편 월시Richard. J. Walsh와 함께 1942년에 민족 간 편견을 극복하기 위한 동서협회(The East and West Association)를 만들었고, 1949년에는 웰컴 하우스Welcome House라는 입양 기관을 설립했다. 웰컴 하우스는 미군 주둔지의 미국인과 아시아 여성들 사이에서 태어난 아메라시언의 입양을 금지하는 미국 정부의 조치에 격분하여 부부가 함께 세운 단체다. 펄 벅은 1960년 한국에 처음 오게 되었을 때 웰컴 하우스를 통해 20명의 혼혈아들을 입양해서 미국에 데려갔다.

 순이는 열네 살 생일이 지난 뒤 1968년 5월 30일 미국행 비행기를 탔다. 미국 펜실베이니아 그린 힐스 농장에서 펄 벅 어머니는 순이에게 자기의 이름 가운데 Comfort Walsh를 물려줄 만큼 사랑을 주었다. 열다섯 번째 생일 파티를 펄 벅 어머니 집에서 열게 된 순이는 자애로운 펄 벅 어머니의 사랑을 누렸다. 순이는 어머니 펄 벅 여사의 남편이 사망한 뒤였기에 법적으로 입양될 수가 없었다. 펄 벅의 사후 순이는 열아홉 살에 대학에 가면서 크리스천인 Price 부부에게 정식으로 입양되어 Price란 이름을 얻었다. 뒤에 결혼해서 남편 헤닝Henning의 성을 최후의 이름으로 갖게 되었다. '순이 구 줄리 컴포트 윌시 프라이스 헤닝'이라는 긴 이름의 헤닝은 수학 교사로 25년간 근무하고 은퇴했으며 목회자인 남편과 두 아들 두 며느리, 그리고 다섯 명의 멋진 손주를 둔 행복한 크리스천으로 현재 미국 펄 벅 재단의 자원봉사자로 활약하고 있다. 우리나라의 김대중 전 대통령 부인 이희호 여사가 2001년에 펄 벅 재단 본부에서 선정하는 '올해의 여성'에 뽑히자 헤닝 부부가 직접 시상차 한국에 파견된 일이 있다. 그녀 자신도 2020년 '올해의 여성'에 뽑히기도 했다.

펄 벅 여사의 인도주의와 박애 평등사상은 동서東西의 문화를 잇는 다리 역할을 해 주었을 뿐 아니라, 인종과 국적을 초월하는 사랑으로 어디에도 속할 수 없이 버려졌던 혼혈아들, 존중을 받지 못한 힘없는 여성들 편에서 놀랍도록 세상을 변화시켰다. 순이, 아니 헤닝 부인은 스스로에게 자문한다. 만일 펄 벅 어머니의 자애롭고 인간적인 접촉이 없었더라면 자기는 어떤 인생을 살았을 것인가. 답을 알 수 없는 질문 앞에서 그녀는 다짐한다. 후원자들이 자기의 공부를 도왔고 미국에 오는 길을 열었듯이, 한 사람이 어느 다른 한 사람을 도와주면 그 작은 일이 세상에 크나큰 변화를 가져온다고. 도움을 받은 이가 세상을 바꿀 것이라고. 혼혈아들을 '새로운 인종 집단'이라고 다른 인간들과 하등 차이가 없이 대등하고 존엄한 인간으로 보았던 펄 벅의 선견지명이 놀랍다. 시대가 바뀌면서 이민결혼과 국제결혼이 늘어난 지금, 우리 사회에서도 예전의 혼혈아, 아메라시안, 코시안이라는 말은 사라졌고 대신 다문화가정 아동으로 격이 달라졌다.

헤닝이 펄 벅의 펜실베이니아의 그린 힐스 농장에서 살면서 본 펄 벅의 모습 중 펄 벅이 책을 많이 쓰게 된 동기와 글을 쓰는 자세를 관찰한 모습이 인상적이다. 펄 벅 여사의 유일한 친딸인 캐

럴 벅이 《자라지 않는 아이》(1950)의 모델인 지적 장애인이었던 것은 펄 벅 평생의 아픔이었지만, 동시에 인간은 모두 평등하고 사랑받을 가치가 있다는 믿음을 갖게 한 펄 벅 신념의 원천이었다. 헤닝이 본 어머니 펄 벅은 딸을 60년간 시설에서 살게 하면서 들었던 비용을 대기 위해서 많은 책을 써야 했던 것 같다고 했다. 헤닝은 또 작가 펄 벅이 글을 쓰는 자세는, "꼭 말하고 싶은 것을 말하고", "종이 위에 표현되어야 할 것을 표현하는 것"이라 했다고 한다. 글 쓰는 이들에게 주는 함의가 크지 않은가.

2022년 6월 26일은 펄 벅 여사의 탄생 130주년이 되는 날이다. 헤닝을 통해 한국과 특별한 관계가 있는 펄 벅 여사를 다시 만날 수 있고 추모할 수 있어서 기쁘다. 펄 벅 여사의 마지막 딸로서 용기 있고 지혜롭게 살아 심어진 그 자리 개천에서 꺾이지 않고 꿋꿋하게 아름다운 장미꽃을 피운 헤닝 부인에게 감사한다.

감사의 씨앗

추수 감사절즈음 미국의 친구 선주가 카톡으로 '감사의 씨앗'이라는 미국 조지아주에 있는 베리대학의 설립자 마사 베리의 일화를 전해왔다.

수말학교의 교사였던 그녀는 피아노 구입에 도움을 받고자 자동차왕 헨리 포드를 찾아갔다. 포드는 호주머니에 있던 10센트를 그녀에게 주었다. 그녀는 그 돈을 감사히 받았다. 그리고 그 돈으로 땅콩 씨앗을 사서 키우며 몇 년간 수입을 불린 후 피아노를 장만하고 포드를 초대하였다. 10센트 투자에 대한 배당금을 보냈다는 설도 있다. 포드 내외는 1930년대 이 학교에 거금을 후원하여 오늘날 조지아주 최고의 사립학교로 키웠다.

미국의 전설적 인물인 베리 여사가 심었던 것과 같은 '감사의 씨앗'은 지금도 지구상 어디에선가 누군가가 심고 있을 것이다. 나는 오늘 어디서 어떤 감사의 씨앗을 심고 있는가.

내 속에는 잊을 수 없는 내 소중한 모습 하나가 남아 있다. 초등학교 시절, 난생처음 원피스 선물을 받고 입이 귀에 걸리게 좋아했다. 어릴 적 내가 기억하는 유일한 나의 웃는 모습이다. 사진도 없고, 증언해 줄 사람도 없는 나만의 황홀한 추억이다.

6.25가 끝나고 피난지 시골 고향에서 서울로 올라와 청파동에서 초등학교에 다니던 시절이었다. 우리가 세 들어 살던 집의 주인이던 부산 출신 젊은 법대생 아저씨가 내게 생애 최초의 그 선물을 준 주인공이다. 그는 우리집에 세를 주고는 하숙생이 되어 우리와 여러 해를 같이 산, 마치 친척과도 같은 분이다.

그분은 왜 소녀에게 원피스를 사주셨을까. 그때는 물론 원피스란 이름도 없었다. 간단복이란 일어 간다호꾸가 아니었을까 싶다. 옷의 위아래가 하나로 붙어 있으니 보기에도 깜찍하게 귀엽고 입고도 신기했다. 그 옷에 대한 더 이상의 상세한 기억은 없다. 참으로 빈약한 유년 시절의 기억에 속이 상한다. 어린 시절에 밥을 먹고 사는 일이 순조롭고 무탈하게 지나갔으면 됐지 하면서 그 아저씨의 선물 하나만으로도 만족할 수 있었다. 물론 합리화일 수 있겠지만, 받지 못한 많은 상상 속의 선물은 애초 선물이라 할 수 없으니 생각한들 무엇할 것인가.

몇 년간 우리를 따라다니며 하숙 생활을 했던 기억 속의 그 아저씨는 잘생기고 점잖고 자애로웠다. 우리 아버지를 형님처럼 따랐고 식구들에겐 지금 말로 멘토 역할을 해 주셨다. 삼촌은 그분의 영향으로 법대에 진학했고, 내가 고등학생일 때 써 놓은 글을 보고 계속 글을 써도 되겠다고 처음 인정해 주신 분도 바로 그였다. 온화한 얼굴의 그 아저씨는 뒤에 부산시장, 경남도지사를 지내던 중 무슨 일인지 일찍 작고하셨다.

내가 누구에게 선물을 준 것은 알량한 신문 기자의 월급을 받을 때였다. 당시 이혼하고 어렵던 사촌 언니의 딸 등록금을 내준 일이 있다. 남들에게 늘 친절을 베풀고 사는 부모님을 보아서 그런지 나도 모르게 흉내를 낸 것 같다. 그 조카는 나중에 외국에 가서 잘 산다고 들었는데 갑작스러운 병마로 세상을 떠났다. 얼마나 지났을까, 일본에 가서 식당업을 하던 사촌 언니가 내게 선물을 보내왔다. 일제 여자 속옷과 넓은 숄 하나였다. 처음 받아보는 고급 선물이었다. 내 도움을 잊지 않고 고마움을 표하는 언니의 마음이 고마워서 감사하게 받았다. 그 일로 나는 선물은 씨앗을 심는 것이고, 씨앗은 열매가 되어 다시 씨앗으로 무한 순환하는 것을 깨달았다.

선물을 영어로 'gift' 또는 'present'라고 한다. 'gift'는 인간이 태어나면서 받는 천부의 재능이란 뜻도 있으니 과연 조상과 부모에게서 받은 선물만 한 것이 또 있겠는가. 'present'는 선물이란 뜻 외에 현재라는 뜻이 있다. 지금 자신이 누리는 시간이 곧 선물이라는 뜻으로 풀이할 수 있다. 지금 여기가 바로 선물이다.

인간은 평생 도움이라는 선물을 주고받으며 살아야 한다. 감사의 선물을 주고받으며 사는 것이 인정이고 인간관계의 기본이다. 그런데 받기만 하고 줄 줄 모르는 사람이 있다면, 그것은 자기가 가진 것 중에 무엇을 주어야 할지를 몰라서거나 소유에 대한 집착이 크기 때문이다. 줄 때는 내게 소용없는 것을 주는 것이 아니라, 상대가 필요로 하는 것을 주어야 한다. 받을 때는 받는 것이 무엇이든 감사의 마음으로 받아야 한다.

남을 돕는 것을 아시아의 불교권에서는 보시布施라 하고 영어로는 giving(기부, 증여), generosity(너그러움, 아량을 베풂)이라고도 한다. 이 둘은 인색함의 반대말이고 자비와 같은 말이다. 남이 도움이 필요할 때 도와주면 내가 필요할 때 도움이 찾아온다. 자연의 섭리이다. 결혼하여 자식 낳고 기를 때 부모가 자식에게 필요한 도움을 주고 자식이 성인이 된 뒤에 도움이 필요한 부모님을 도와드리는 것이 부모님께 진 빚을 갚는 일이다.

우리는 튀르키예에 지진이 났을 때 '형제의 나라'에서 일어난 안타까움에 거의 모든 가정에서 두꺼운 겨울옷, 이불과 담요, 생필품 등 구호품을 있는 대로 박스에 싸서 그 나라 항공편으로 보냈다. 그때 주한 튀르키예 대사관 등에서 보내온 안내가 한발 늦었다. 위생상 문제가 있을 수 있으니 헌 옷이나 세탁하지 않은 옷보다는 입지 않은 신상품을 보내 달라는 완곡한 부탁에 부끄러움을 느낀 사람이 많았을 것 같다. 인정이 넘치다 보니 앞뒤 생각 없이 안 입는 옷을 처리할 기회로 삼았던 사람이 꽤 있었을 것이고, 신상품이란 말에 이해가 되지 않았을 사람도 많았을 것이다. 우리는 그 일에서 하나의 교훈을 얻었으니 더 왈가왈부할 바가 없다.

받는 것에 비해서 나눠 줄 것이 별로 없는 나는 선물로 따뜻한 말, 친절한 말, 바른 말을 나눠 주고 싶다. 기왕이면 고운 말, 부드러운 말, 한편으로 치우치지 않는 말, 혼란스럽게 하지 않는 말, 기를 살려 주는 말, 칭찬과 격려의 말 등 긍정적인 말을 선물하고 싶다. 얼마든지 좋은 말이 있으니 그렇게 하려고 노력하는 편이다. 펴내는 수필집도 이를테면 남에게 주기 위한 내 선물인 셈이다.

2018년에 처음 졸저를 내놓고 나서 축하와 격려의 말 선물을 꽤 많이 받았다. 해마다 잊지 않고 연하장을 보내는 LA의 한 친구는 "열심히 불교를 위해서 애쓰는 모습이 존경스럽다. 불교는 심오한 철학이며 아주 뛰어난 종교라고 믿는다. 나를 이끌어 주어서 고맙다."라는 카드를 보내왔다. 평소 가까운 사이인 이 친구는 기독교인이지만 정신과 의사로서 새로 불교 공부를 하면서까지 정신과 영역에 대한 지식을 넓혀 가는 지혜로운 친구이다.

어느새 노년이 되고 보니 그동안 누리고 산 개인적인 삶을 비롯한 모든 것이 축복이고 선물이었음이 확연하다. 나이를 먹어 가며 더 성숙하고 지혜로워져 가는 친구들 또한 감사한 선물이 아닐 수 없다.

5부
끝없는 사랑

최익현의 충의忠義가 깃든 청양

　팬데믹은 인류에게 전에 없던 시련을 주었다. 지구를 덮은 역병 앞에서 인간은 '동작 그만'처럼 하던 일을 멈추고 자연의 준엄한 질타를 받아들이지 않을 수 없었다. 어느 나라도 예외가 없었다. 어느 개인도 안전하지 못했다. 팬데믹은 빛이 사라진 차디찬 광야에 인간을 무정하게 내동댕이쳤다. 하지만 결국 인간은 언젠가 극복해 낼 것이라 믿기에 그런 날을 기다렸다.
　팬데믹이 지나면 제일 먼저 하고 싶은 것이 국내 여행이다. 지난번에 마지막으로 다녀온 충남 청양 여행이 벌써 5년이 넘었으니 꽤 오랜 시간을 꼼짝 못 하고 지낸 셈이다. 그때 여행에서 충의로 나라에 목숨을 바친 면암 최익현 선생의 숨결을 느낄 수 있던 일, 심한 가뭄 중이라 더욱더 달게 먹었던 점심 한 끼에 감사했던 일이 잊어지지 않는다. 다시 가 보고 싶은 곳이 청양이다.

전국이 가뭄이었다. 40년 만의 가뭄이라고 했다. 2015년 10월 28일, 언론인 친목 단체인 관훈클럽의 회원 가족으로 충남 청양군 문화 탐방에 따라나섰다. 청양은 충남 중부의 알프스라 불리는 아름답고 포근한 칠갑산을 품고 있었다. 내 고향 예산과 홍성 바로 밑에 접한 청양을 처음 가 보는 터라 설레기까지 했다. 또한 그곳에서 구한말 항일 의병대장으로 순국한 면암 최익현 선생의 발자취를 돌아볼 수 있다는 기대도 컸다.

청양에 도착하고 보니 그곳에서도 계곡에 물이 마르고 우물도 누런 물밖에 나오지 않는다는 말을 들었다. 충남의 젖줄인 금강에 보를 만들었기에 보령댐에 물이 말라서 농수가 바닥났다고 댐 인근 고장들이 아우성이었다. 그날 저녁 서울에 돌아와 보령댐으로 물을 보내는 공사를 한다는 뉴스를 들었다. 착공을 바로 한다 해도 다음해가 되어야 각지로 물을 보낼 수 있다고 했다.

우리 일행은 먼저 청양군 목면 송암리에 있는 면암勉庵 최익현 선생의 사당 모덕사慕德祠를 참배했다. 청양군에서는 매년 음력 9월 16일 선생의 추계 추모 제향을 드리고 있는데 마침 그날이 제향일이었다. 사람들로 붐비니 선생의 덕이 외롭지 않음을 느낄 수 있었다. 모덕慕德은 수많은 상소를 올린 면암에게 보낸 고종황제의 비답批答 가운데 쓰였던 '모慕' 자와 '덕德' 자를 합친 글자라고 한다. 고종은 충직한 면암을 아꼈던 군주였다. 사당 앞에는 수령 백 년이 넘었음 직한 두 그루의 은행나무가 있었다. 하나는 아직 잎이 파란 채, 하나는 완전히 노란 물이 든 채 하늘을 향해 곧게 뻗어 있었다. 마치 면암 선생의 충직을 그대로 닮은 듯했다. 사당 옆에는 고택이 있고, 박물관 격인 대의관과 장서를 모아 놓은 춘추관이 있다. 김응현 선생이 친필로 현액한 대의관大義館에는 낙경민직洛敬閩直이란 액자가 눈길을 끌었다. 낙경민직은 면암의 총명함과 그릇을 알아본 스승 화서 이항노 선생이 송宋대의 큰 성리학자들처럼 크게 되라고 면암에게 써 준 글귀라 한다. 송대의 다섯 학자와 그들의 학문(성리학)을 약칭하는 '염락관민지학'에서 그들의 출신 고을 지명을 따서 썼다 한다.

잘 알려진 대로 면암은 1833년 경기도 포천에서 태어나 74세를 일기로 1907년 대마도에서 옥사하였다. 14세에 대유학자 화서 이항노 선생을 스승으로 만나 15세에 '면암'이란 아호를 받았다. 23세에 급제한 후 근 50년간 사림士林의 문신으로서, 스승에게서 배운 "임금을 부모와 같이, 나라를 가정과 같이 사랑하는" 지행합일知行合一, 위정척사衛正斥邪의 대의를 실천했다. 임금이 새 직을 내릴 때 사직하기를 되풀이하며 상소했다. 그의 상소로 군부君父 10년의 세도를 누렸던 대원군이 실각했고 고종의 시대를 열게 되었다. 하지만 그 대가로 면암은 탄핵을 당하고 제주도로, 그리고 뒤엔 강화도 조약을 반대하는 상소를 올렸다가 흑산도로 위리안치圍籬安置를 당했다. 일본에 의한 명성황후 시해 사건이 터지고 일본의 대한 병탄이 노골화되었을 때 선생은 1900

년(68세) 호서지방 정산(지금의 청양)으로 이사했다. 1905년 을사늑약이 체결되자 선생은 일본의 앞잡이가 된 '오적五賊'을 처단할 것, 그리고 일본 정부에 보내는 서한으로 일본이 저지른 '열여섯 가지 죄'를 들며 대한의 독립 자주권 침해를 즉각 중단할 것을 요구하였다. 선생은 이미 대신들의 뜻에 따라 움직이며 선생을 회유하려는 고종황제의 부름이나 제수에 응하지 않았다.

선생은 청양의 고택에서 후학을 지도하는 가운데 우국 독립지사들을 모아 항일 거사를 결의했다. 1906년 전북 태인 무성 서원에서 거병을 하고 순창으로 행군하였다가 순창에서 약 400명의 의병을 이끌고 싸웠다. 그러나 조선의 관군을 내세운 일제의 간악한 꾀를 알고 "민족끼리 전투는 불가하다." 하며 스스로 일군의 포로가 되어 잡혔다. 선생은 서울의 일본 헌병대에 압송된 후 회유하는 일본에 굴복하지 않자 대마도로 압송되었고, 그곳에서 병을 이기지 못하고 옥사하였다. 74세 때인 1906년 음력 11월 17일이었다. 선생의 시신은 1907년 논산의 무동산 아래 입장入葬되었다가 1909년 지금의 예산군 광시면으로 개장改葬했다.

'예산모현사업회'라는 단체가 1973년 5월 30일 묘소 앞에 '면암최익현선생춘추대의비'를 봉건했다. 그때 나의 아버지께서 그 일을 주관하신 초대 회장이었고, 나는 아버지를 따라 그곳에 구경을 다녀온 지중한 인연이 있다. 그것이 계기가 되었는지 내게 고향 예산은 면암 선생의 충절과 의기가 깃든 고장으로 인식되어 왔다. 예산모현사업회가 주관하는 학생 문예 대회에서 면암 선생과 윤봉길 의사 등은 학생들이 깊이 사모하는 위인으로 추앙받고 있음은 물론이다.

모덕사 참배를 끝내고 나니 비로소 긴장이 풀리는 것 같았다. 우리는 칠갑산 장승공원 가까운 데서 점심을 먹고 공원에서 휴식을 취했다. 장승공원에는 11미터가 넘는 칠갑산 대장군과 칠갑산 여장군 등 300여 국내외 장승이 재현되어 있었다. 청양에 장승공원이 마련된 유래에 대해 들은 얘기는 잊었다. 근처 식당에서 달게 먹은 점심 때문에 그곳이 공원의 아늑한 휴식처였던 것으로 기억한다.

장승공원에서 가까운 장곡사長谷寺는 신라 시대에 세워진 천년 고찰이었다. 국보급 문화재와 보물이 많으며, 칠갑산을 떠받드는 듯한 풍경이 아름다웠다. 장곡사는 특이하게도 대웅전이 두 개였다. 상, 하 대웅전인데 약사여래의 영험이 있다 하여 기도객들이 몰려오자 스님들이 정진할 곳이 필요하여 대웅전이 두 개가 되었다고 한다.

청양의 10경 중 하나라는 청장호 출렁다리로 가는 길목에 있는 소금쟁이 언덕이란 곳을 지날 땐 해설사로부터 호랑이 전설 얘기를 듣고 맘껏 웃었다. 산이 깊어 호랑이라도 내려왔음 직한 언덕이다. 소금을 잔뜩 짊어지고 가던 소금 장수가 거기서 호랑이와 맞닥뜨렸다 한다. 소금 장수는 저도 모르게 지게를 벗어 호랑이에게 내던졌다. 순간 호랑이는 기겁하고 도망쳤고 소금 장수도 놀라 나자빠졌다. 호랑이는 처음 본 하얀 소금이 무서워서,

소금 장수는 제가 싼 오줌이 무서워서 혼비백산했다는 옛날이야기다.

심한 가뭄으로 물이 푹 줄어든 청장 호수 위를 가로지르는 출렁다리를 걷는 것은 색다른 체험이었다. 출렁다리가 길어서 어지럽다고 되돌아 나오는 이들도 있었다. 시원한 바람을 맞으며 흔들거리는 다리를 건너는 동안 온갖 잡념이 사라져서 좋았다. 다리를 건너니 근처에 소원을 들어주는 바위가 있다고 해서 찾아보았다.

고추로 유명한 청양에는 구경거리와 이야깃거리도 많다. 세계에서 제일 큰 고추 조형물을 비롯해 청홍의 고추가 곳곳에 설치되어 있다. 가로등도 고추 모양이다. 캡사이신 맛이 톡 쏘는 매운 고추의 품종인 '청양고추'의 본고장이 청양 또는 경북 청송과 영양 두 지역의 앞 글자를 딴 청양고추였다는 설이 있다. 하지만 현재 '청양고추' 종자의 소유권은 외국 회사의 것이며, 우리나라는 그 매운 고추의 종자를 수입해다 쓰는 형편이다. 청양은 오히려 구기자와 밤의 품질이 좋기로 소문이 나 있다.

청양은 콩밭과 관련한 '칠갑산'이라는 유명한 노래가 탄생한 곳이다. 청양과 백마강을 사이에 둔 부여가 고향인 조운파 선생이 작사 작곡한 〈칠갑산〉 노래는 한 여인이 실제 모델이라 한다. 조 선생이 청양엘 왔는데 버스를 타고 가다가 구슬프게 울며 콩밭을 매는 아낙을 보고 차에서 내려 사연을 물었더니 자기네 처지가 하도 서러워서 울고 있었다는 것. 어머니와 딸이 남의 집 콩밭이나 매주며 겨우 입에 풀칠하던 중 동네 홀아비 영감이 재취를 찾는데, 어미가 아닌 16세 딸을 달라 했단다. 어미는 아이라도 호강하게 해 주고 싶어서 딸을 주기로 했다. 그쪽 집에서 보내온 머슴에게 어린 딸을 딸려 보내야 하는 아낙의 애달픈 사연이 노래가 되었다. "홀어머니를 두고 시집가던 날 칠갑산 산마루에 울어 주던 산새 소리가 어린 가슴속을 태웠오."라는 딸의 심정은 오죽했을까. 그 곡을 만든 지 10년이나 지나서 국악을 한 주병선이라는 가수가 불러서 히트했다.

지난 몇 해 사이 고향이 청양인 친구도 알게 되었고, 어느새 단짝이 되었다. 그녀는 일본에서 50년 이상 살아왔고 지금 힘든 병으로 투병 중이다. 그 친구에게 자기의 고향에 갔다 온 얘기를 들려주니 목소리에 생기가 돌며 향수에 젖은 듯 어릴 적 아버지와의 즐겁던 시절을 회상한다. 우연히도 그 아버지도 나의 아버지도 예산농업학교를 졸업한 선후배 사이인데 생전에 두 분이 만났거나 알 수도 있었을 것이다. 게다가 두 분 모두 유교를 존중하는 불자들이셨고 역시 불자인 동갑내기 딸들이 근년에야 만나게 되고 단짝 친구가 되었으니 예사롭지 않은 인연이다. 언제가 될지 모르겠지만, 친구와 나는 그녀의 고향 청양과 내 고향 예산을 함께 가서 보자고 약속했다.

아름다운 우분투 세상

　수요일 밤 아홉 시면 TV 앞에 앉게 하는 프로그램이 있다. 3년째 방영되는 SBS의 인기 프로그램 〈골 때리는 여자들〉(약칭 골때녀)이다.
　골때녀들은 운동선수, 국가대표 선수 가족, 연기자, 모델, 가수, 개그우먼, 아나운서, 한국에 사는 외국인 여성, 유튜버 크리에이터 등 각 분야에서 본업이 있고 이미 셀럽이나 내로라하는 실력 있는 유명인으로 활동 중인 젊은 여성들이다. 중간에 멤버가 교체되기도 하고 신생팀이 들어오기도 하면서 처음에는 네 팀으로 시작했던 풋살 경기가 현재는 모두 열한 개 팀이 각축을 벌이고 있다. 수도권의 아담한 풋살 경기장에서 전후반 각 25분씩 골때녀들이 몸을 사리지 않고 보여 주는 축구 사랑과 부심에 시청률은 고공 행진을 거듭 중이다.

  참가자들은 처음에는 몇 명만이 축구를 해 보았거나 잘하는 사람들이었고, 대부분은 킥은커녕 축구의 규칙도 제대로 모르던 사람들이었다. 그들이 우리나라 축구 현장에서 한 획을 그은 왕년의 축구 선수였던 감독의 조련을 받으면서 날로 놀랍게 발전하는 모습은 축구라는 스포츠 자체의 재미도 재미이지만, 우리 사회에 나타나는 바람직한 모습을 보여 준다. 그것은 여성들이 못 할 일이 없고, 누구든 무슨 일이든 최선을 다해 배우고 익히면 넘지 못할 장벽이 없다는 것. 그리고 동료애로 똘똘 뭉치고 완전한 한 팀이 되어 몸을 사리지 않고 정신력을 풀가동하며 최선을 다해 자기 역할을 하는 사람이 이 세상이 원하는 최고의 아름다운 사람이라는 것이다. 시청자에게 그들이 보여 주는 세상은 상대 팀과 치열하게 죽고 살기로 경쟁하는 살벌한 세상이 아닌, 팀 안에서 서로를 보듬고 다독이는 아름다운 세상이다. 젊은, 인기 예능인이 팀을 위해 헌신하는 모습에서 문득 아프리카의 공동체 정신 우분투를 엿볼 수 있었다.

  우분투Ubuntu는 우리 인간은 서로 연결되어 있으며, 개인이 아닌 '우리'라는 공동체 속에서 존재한다는 휴머니즘을 뜻하는 아프리카 고유의 철학이라고 한다. 남아프리카 줄루족이 쓰는 반투어로, 영어의 humanity(휴머니즘), humaneness(인간다움), being human(사람됨)으로 번역된다. 연대, 공유, 공동체 의식이 핵심이다. 사람 하나는 동물에 지나지 않지만, 둘이면 공동체가 된다.

개인은 공동체에 소속하고 공동체에 참여함으로써 사람이 되고 인간답게 살아갈 수 있다. 연대와 공동체라는 집단의식을 삶의 원칙, 기본 윤리로 삼는다.

'우분투'를 그린 웹 만화나 간단한 글을 보면, 아프리카 아이들에게 나무 밑에 놓인 과자 바구니까지 제일 먼저 달려간 아이가 혼자 맛있는 과자를 다 가지라는 게임을 시켜 보니 아이들이 아무도 달리지 않고 손에 손을 잡은 채 함께 도착하여 과자를 나눠 먹었다는 얘기가 유명하다. 그 이유를 물으니 과자를 못 얻은 다른 아이들이 슬프면 자기도 슬프기 때문이라고 했다.

아래 문구는 모두 우분투의 표현이다.

"우리 모두가 있어 내가 있다."

"다른 사람들의 존재를 통해서 내가 사람이 된다."

"나는 속한 곳이 있기에 인간이다."

"나는 참여하기에 인간이다."

"나의 아픔은 너의 아픔."

"나의 재산은 너의 재산."

"나의 구원은 너의 구원."

"한 아이를 키우는 데는 온 마을이 필요하다."는 아프리카의 속담을 보면, 이웃의 아이는 바로 자기의 아이다. 지역사회가 아이의 어머니이고 아버지가 되어 준다. 아버지가 죽으면, 아버지의 형제가 아버지가 된다. 아이들은 형이 아버지 노릇을 하고 동생들을 보살핀다. 우분투가 있는 곳에는 마을에 고아가 없다는 애기이다.

　우분투가 개인이 아닌 공동체 집단이 우선이고, 소속과 참여를 강조하니 아프리카 사회주의라는 의심도 받는다. 분명히 "나는 생각한다, 고로 존재한다."는 서양의 개인주의적 존재론과는 동떨어진다. 그러기에 우분투는 아프리카인을 미개인으로 보던 서방 세계에 의해 아프리카의 철학으로 인정도 받을 수 없었다. 탈식민 이후 독립한 아프리카 여러 나라의 독재와 권력 다툼, 부정부패, 내전, 만연한 빈곤, 에이즈 등 어려운 사회 문제의 누적으로 우분투가 제빛을 발휘할 수가 없었던 것 같기도 하다. 어쩌면 예부터 아프리카에 전해 내려오던 우분투 정신 때문에 오랫동안 서구의 식민지가 되어서도 저항 없이 순응하고 감내해 왔었는지도 모를 일이다.

　우분투가 추구하는 가치는 생명, 존엄, 자비, 인간다움, 조화, 화해 등 인류가 추구하는 이상이 거의 다 포함되어 있다. 기존의 종교가 가르치는 내용도 다수 포함한다. 그러므로 우분투는 아프리카에만 있는 독특한 가치관이라 말하기 어렵다는 사람도 있다. 그러나 우분투의 반대말이 복수, 대치, 응징이라는 말을 듣고 보면, 우분투가 초종교적인 고차원의 휴머니즘과 실천 행동을 수반하는 아프리카 특유의 사상이라는 것을 알 수 있다. 남아프리카 공화국의 최초 흑인 대통령 만델라와 성공회 투투 대주교가 우분투의 고유한 아름다움과 힘을 보여준 실례이다.

　넬슨 만델라는 변호사로서 흑인 인권운동을 하다 27년간 옥

중에 수감된 채 아파르트헤이트(apartheid, 인종 분리 및 차별) 반대 투쟁을 하던 중 남아프리카 공화국이 세계의 지탄 끝에 1991년 아파르트헤이트 정책을 폐지하자 석방되었다. 1993년 노벨평화상을 받았고, 남아공 최초의 민주적 선거에 의해 1994년 최초의 흑인 대통령이 되었다. 데스몬드 투투 대주교는 성직자로서 아파르트헤이트에 반대하고 흑백이 통일되어 하나의 '무지개 국가'를 이루어야 한다는 평화운동으로 이미 1984년에 노벨평화상을 받았으며, 옥중의 만델라를 아프리카 밖으로 알렸던 인물이다. 만델라 대통령은 투투 대주교를 1995년 '진실과 화해 위원회'의 의장으로 임명하였다. 위원회는 인종 갈등의 진상을 규명하는 일 외 피해자의 회복을 목적으로 3년에 걸친 조사를 마치고 피해자에게는 배상금을, 인권 침해를 고백한 가해자에게는 사면을 허용했다. 보복적이고 징벌적 사법처리보다 '치유, 조화, 화해와 함께 불균형을 교정하고 깨진 관계를 회복하는' 회복적 정의回復的正義라는 참신한 개념은 세계인을 놀라게 했다. 이 두 사람은 세계의 위대한 지도자로 추앙받고 있다.

  나는 골때녀들이 보여 준 선의의 경쟁과 아름다운 승복에서 우분투와 흡사한 공동체 정신을 보았다. 한 걸음 더 나아가 우리 사회에 우분투 정신이 널리 퍼져 나갈 수 있으면 좋겠다는 소망을 가져 보았다. 우리야말로 우분투 정신이 도처에 필요하다. 학교의 경우를 보자. 우분투가 있는 학교라면 골때녀들이 했던 것처럼 '괜찮아', '우리 잘할 수 있어', '함께 해보자', '함께라면 우리는 할 수 있다'라고 교사와 학생은 서로 격려하며 단결할 수 있을 것이다. 우분투 정신은 극심한 경쟁에 내몰려 스트레스가 높으나 탈출구가 없어서 절망하고 포기하는 청소년에게 숨 쉴 해방구를 제공할 수 있다. 서로 관심을 가지고 케어하고 존중하며 배려하는 깊은 인간관계를 맺을 수 있는 시간과 공간이 청소년들에게 절실하다. 우리나라가 OECD 회원국 가운데 청소년과 노인 자살 제1위 국가라는 사실은 매우 엄중하다. 전도가 창창한 청소년이 비행에 빠지거나 극단적 선택을 하지 않아도 되도록, 또한 노인이 절망에 빠지지 않도록 그들 옆에서 괜찮다, 우리가 함께 다 같이 잘할 수 있다는 격려가 필요한 상황이다.

 달라이 라마 같은 세계적인 영적 지도자는 자신은 70억 세계의 형제들과 똑같이 평범한 한 사람일 뿐이고 자기의 종교는 친절이라 했다. 다른 사람을 위해 친절을 베풀고 따뜻한 마음으로 남을 이롭게 하면 자신도 남도 다 함께 행복해진다고 가르친다. 현재의 세계는 종교를 초월하는 범지구적 가치가 필요하다고 역설한다. 투투 대주교와 친구였던 그의 말은 우분투를 실천해 보자는 말로 들린다. 우분투가 세계인의 정신세계에 신선한 대안이 되어 줄 수 있기에 그런 것 같다. 아프리카의 우분투 정신이 지구촌에 희망을 주고 우리 삶에도 깊이 깃들기를 기원해 본다.

책을 선물하다

아들이 직장을 옮겼다. 25년간 다녔던 첫 직장을 떠나 중년의 나이에 새 직장으로 옮긴 만큼 그곳에서 잘 적응하기를 바라는 마음에서 아들에게 책 한 권을 선물하고 싶었다. 부모와 자식 간에도 조언이나 충고는 잔소리가 될 뿐, 듣는 이에게 오히려 고요한 마음을 흔들고 혼란을 줄 수도 있을 것 같아서 하고 싶은 말을 책으로 대신하고자 했던 것이다.

책 고르기가 쉽지 않았다. 때마침 캐나다에서 여동생 부부가 귀국해 있어서 가족 모임을 가지려던 차였기에 거기에 참석할 형제자매와 그 아이들까지 20여 명이 읽을 만한 책 한 권을 고르고 싶었다. 조카들이 벌써 왕성하게 활동하는 중년의 나이들이다. '중년의 위기'란 말이 있듯이 치열한 경쟁을 이겨내야 하는 인생과도기에 들어선 만큼 그들도 한번쯤 자기 점검을 해볼 수 있는 책이면 좋겠다 싶었다.

　18년째 서점을 경영하는 남동생에게 추천을 구했다. 바로 데일 카네기의 《카네기의 인간관계론》을 권한다. 그 책을 20여 권 구입하였다. 하지만 19세기부터 20세기 중반까지 살았던 인물인 데일 카네기의 그 어떤 것도 21세기의 신세대 아이들에게 강요하거나 강조할 생각은 없었다. 저마다 나름의 가치관과 세상 사는 방법을 터득하고 있을 터이고 흡수력도 다를 것이기에 이 책은 단지 그들이 참고하라고 줄 뿐이었다.

　데일 카네기가 이 책을 발간한 것은 1936년이다. 그 이전 25년 간 그는 이미 뉴욕에서 '효과적으로 말하고 듣는 사람에게 영향을 주는 법'에 관해 수업을 해왔다. 그리고 첫 책으로 1935년 《데일 카네기 성공 대화론》을 냈다. 두 번째 책 《카네기의 인간관계론》에서 그는 집필 이유에 대해 설명한다. 당시 성인들에게 효과적인 말하기 방법뿐 아니라 직장 생활과 사회관계에서 다른 사람과 잘 어울릴 수 있는 대인 관계 훈련이 필요하다는 걸 절감했다. 당시에는 그런 책이 없었다고 했다.

　이 책은 남녀 직장인들의 잠재된 가능성을 계발하도록 도와주고자 하였다. 사람들은 자기의 잠재적 재능에 대해 알기도 하고 모르기도 한다. 아는 사람은 스스로 조금만 노력하거나 자극을 주는 누군가의 도움이 있으면, 그 재능을 어렵지 않게 꽃피워 원하는 대로의 만족한 삶을 산다. 잠재적 재능이 없다 싶으면 지식을 쌓고 재능을 발전시키면 된다. 그것이 계발이고 개발이다. 이 책에서 카네기는 대화의 기술을 가르치고 인간관계를 향상시키기 위해 성인 교육 분야에서 선구적인 움직임을 실천한 사람이었다. 학교에서 가르치지 않는 기술들, 나이를 먹고 나서야 그 필요를 느끼는, 친구를 만들고 사람들에게 영향을 줄 수 있는 자세와 방법을 가르치는 기술을 다루었다. 그는 누구나 자신감과 내면에서 끓어오르는 생각이 있으면 다른 사람들 앞에서 잘 말할 수 있다고 주장했다. 그리고 자신감을 키우려면, 자신이 두려워하는 일을 해서 성공 경험을 쌓아야 한다고 했다.

막내가 육십을 넘긴 내 형제들, 어느덧 중년에 이른 그들의 자녀들이 모두 직장인이므로 이 책이 동료나 그들이 만나고 대하는 고객들과의 대인 관계에 도움을 줄 수 있겠다 싶었다. 그리고 이 책이 가족 내, 구체적으로 부부 관계와 부모와 자녀 관계에 도움을 줄 수 있기를 바랐다. 한편으로는 어머니마저 가시고 어른이 안 계신 시점에서 가족 전체의 맏이로서 젊은 세대 아이들에게 뭔가 선물을 주었다는 기억 한 토막을 그들의 가슴속에 심어주고 싶기도 하였다. 나는 책을 선물하는 이유를 정중하게 적은 것을 책갈피에 끼워 넣었다.

이 책을 읽으면서 평소 하고 싶었지만 사는 게 바쁘다 보니 미처 하지 못했던 얘기들도 서로 나눌 수 있고 벌어져 있는 빈틈도 메꾸어 봐요. 공감만 해도 어디에요. 또한 지금의 나이와

처한 상황에서 이 책이 일러 주는 삶의 지혜를 생활 속에서 어떻게 적용할 것인지 각자 느껴 볼 수도 있겠지요. 이 책은 에이스문고 성기덕 사장께서 책을 읽지 않는 한국인들에게 다른 것 제쳐 두고 일독을 권하는 책입니다. 사업의 어려움에도 불구하고 '문화의 핏줄'이나 다름없는 책을 보급하고 서점의 공간을 활용하여 문화사업도 묵묵히 수행하고 있는 전문가의 권유이니 귀담아들어 봅니다.

  특히나 가까운 가족, 친척, 친구, 직장 동료들, 그리고 고객들과의 관계를 좋게 하고 싶다면 이 책을 한 줄 한 줄 꼼꼼히 음미하며 읽어 보면 큰 도움이 될 거예요. 지난날을 돌아보거나 앞으로의 삶의 질을 향상시키고 싶다면 지금의 나이가 제일 빠르면서도 최고로 좋은 때가 아닌가요. 이 책이 여기 있는 모두에게 무한한 값어치가 있는 특별한 선물이 되기를 바랍니다. 참, 데일 카네기는 철강 왕 앤드루 카네기와는 다른 집안인 줄 알고 계시죠? 하도 카네기를 존경한 나머지 성을 카네기와 똑같이 바꿔 버렸답니다.

  추신으로 읽고 나서 독후감을 보내고 싶으면 연락 바란다며 내 이메일과 전화번호를 남겼다. 연락을 해 오면 또 다른 상품이나 선물을 보내 줄 생각이었다. 책을 받자마자 반응을 보여 준 사람은 바로 내 아들이었다. 이미 원서로 읽은 책이라 하였다. 안도가 되었다. 내가 쓸데없는 짓은 하지 않았구나 하는 안도감이 들었다. 아들이 외국 기업인 새 직장에서 잘 적응하고 좋은 인간관계를 맺으며 일하고 있겠다 싶어서 무척 고맙고 반가웠다.

혹시나 다른 독자로부터 더 연락이 있을까 기다리고 있는 중인데 1년이 넘었는데도 연락해 오는 사람이 아직 아무도 없다. 다들 사회생활이 바쁜가 보다. 응답 기간을 정해 두었던 것이 아니므로 무슨 반응이 되었던 연락을 보내오는 사람에겐 상금을 주겠다는 나의 제안은 여전히 유효하다.

스토 부인의 외침

시간이 왔다. 말을 할 줄 아는 어린애나 여자는 자유와 인간애를 위해 한마디라도 해야 한다. 글을 쓸 줄 아는 여자는 누구라도 입을 닫고 가만히 있어서는 안 된다.

아메리카 대륙에 노예 제도가 무성하던 1850년 반노에 주간지 《National Era》에 스토 부인이 보낸 편지 속의 외침이었다. 이처럼 강력하고 절박한 격문은 모르긴 해도 아마 옛적 부처님을 친견하고 열 가지 대원大願을 외친, 고대 인도 왕국의 왕비 승만 부인의 사자후獅子吼 후로 처음이라 해도 과언이 아닌 것 같다.

19세기의 미국 작가 스토Harriet Beecher Stowe 부인은 40세의 나이 때 어째서 "입이 있는 자, 말을 할 줄 아는 자, 글을 아는 자, 그

중에서 여성이라면 모두 나서라."라고 외쳤던 것일까. 생명 있는 산천초목도 다 일어나라고 외친 듯한 그 준엄함에 전율이 인다.

스토 부인은 자신의 호소에 솔선수범해서 응답하듯, 1851년부터 2년간 소설 《톰 아저씨의 오두막》(Uncle Tom's Cabin, 1852)을 같은 잡지에 연재한 뒤 단행본으로 출간했다. 어릴 적 이 책을 읽은 우리들에게는 그저 어느 먼 나라의 전설 같은 이야기로 현실이 아닌 꿈속의 동화 같았다. 그것이 미국 남북전쟁보다 십수 년 앞서 일찍이 노예 해방 운동에 불을 지핀 기폭제가 되었다. 스토 부인은 '흑인의 어머니'로 불렸고 링컨 대통령으로부터 '당신 같은 자그마한 여인이 엄청난 전쟁을 하게 했다.'라는 감사의 인사를 받았다.

미국은 내전을 겪은 뒤 16대 링컨 대통령에 의해서 비로소 노예제 폐지가 이루어졌다. 그 뒤 수십 년이 더 지나 1960년대의 민권 운동을 거치며 자유 만민이 자유와 평등을 누리는 사회가 되었다. 그 후 흑인 대통령도, 흑인 부통령도 나오게 됐다. 하지만 미국에 인종 차별이 근절되었다고 믿는 사람은 거의 없다. 2021년 1월, 바이든 대통령의 취임이 있기 전 백인 우월주의자들이 중심이 되어 트럼프를 지지하고 의사당에 진입하며 폭동을 일으킨 일은 세계를 경악시켰다.

경계가 삼엄했던 의사당 밖에서의 바이든 대통령 취임식의 주인공 중 한 사람은 아만다 고만Amanda Gorman이라는 22세의 아프리카계 미국인 청년 계관 시인이었다. 하버드를 나온 아프리카

게 미국 여성이다. 그녀는 〈우리가 오르는 언덕〉이라는 자작 장시에서 외쳤다.

> 우리는 과거로 돌아가지 않는다. 멍들었지만 완전한 나라, 자비롭고 대담한 나라를 향해 나아갈 것이다. (중략) 빛은 언제나 존재한다. 우리에게 그 빛을 직시할 용기가 있다면, 그리고 스스로 그 빛이 될 용기가 있다면.

나는 그녀가 스토 부인의 외침에 멋지게 응답한, 미래에서 온 빛이라고 생각한다. 그녀는 자신이 장차 미국 대통령 선거에 출마할 것이라고 선언하였다.

바이든 대통령의 취임 이후 우리는 코비드19의 엄중한 상황에는 아랑곳없다는 듯, '묻지 마' 식의 인종 테러가 아시안-아메리칸을 향해 자행되는 것을 보게 되었다. 한국 교민들이 피해의 대상자가 되는 것을 보면서 미국의 민주주의가 몰락하는 것이 아닌가 염려되었다.

그뿐이 아니었다. 미군과 유럽군이 갑작스럽게 철수하자 대명천지 21세기에 아프간이란 나라에서 탈레반이라 불리는 남성들이 같은 제 나라 민족인 여성들에게 가축처럼 채찍을 휘두르고 총을 겨누는 모습이 등장했다. 탈레반이 하루아침에 저들이 집권했던 20년 전의 모습으로 되돌아가 그 나라 여성들에게 복종하라고 채찍을 휘두른다는 뉴스가 지구촌을 격앙에 빠트렸다.

나라 밖에서 돌아가는 이런 형세를 보자니 스토 부인의 170년 전에 외쳤던 절박한 호소가 이명처럼 계속 들렸다.

나는 그녀에게 편지를 썼다.

존경하고 사랑하는 스토 부인, 당신의 호소는 지금도 여전히 살아 있는 외침입니다. 세계의 남성, 여성, 지도자든 아니든 누구나 외쳐야 합니다. 어느 시대를 막론하고 노예는 안 된다고! 천부의 권리를 누구도 빼앗아 갈 수 없습니다. 당신의 외침 때문에 미국에서는 남북전쟁까지 일어났고 노예 제도가 폐지되었지만, 아직도 인간의 평등은 요원해 보입니다. 모든 미국인이 당신의 정신을 이어받는 선구자가 될 때까지 당신은 눈을 감고 있지 마소서.

아프간 탈레반에게도 편지를 썼다.

아프간 탈레반들이여, 당신들은 무슨 권리로 아무 잘못도 없는 여성들에게 감히 채찍질을 하는가? 당장 그 행위를 멈추어라! 당신들이 만들어 낸 신의 율법이라는 가면을 벗고 여성들 앞에 사과하라. 한순간이라도 빨리 노예의 자리에서 여성을 해방하라. 여성은 남성들이 기르는 가축이 아니다. 여성이 인간으로서 평화롭게 살지 못하는 곳에 가정도 나라도 세계 평화도 없다.

아프간의 여성들에게도 편지를 썼다.

  당신들의 고통이 끝날 때가 반드시 올 것이라고 믿습니다. 우리는 서로 연결되어 있는 존재이기에 당신이 아프면 나도 아프고 당신이 행복하면 나도 행복합니다. 아프간 여성들이여, 그대들은 입이 있지만 말을 하지 말라고 하고, 집 밖에 나서지도 말라고 합니다. 혹시 그대들이 글을 쓸 수 있다면, 스토 부인처럼, 안네의 일기처럼, 집에 갇힌 당신들의 이야기를 써서 어떻게 해서라도 숨겨 두거나 간직하고 있기를 바랍니다. 글을 쓰며 마음의 불행을 기록해 두고 꼭 살아남기를 바랍니다.

아프간 난민의 일부가 한국에 기여했던 '특별 기여자'의 신분으로 우리나라에 와 있다. 이후 그들은 대한민국에서 잘 정착하고 있는 것으로 알고 있으나 그들 고국의 사정은 크게 달라진 바가 없다.

비누를 예찬함

잘 쉬었니?

아침에 너에게 하는 인사!

밤새 뽀송뽀송해진 얼굴로 나를 맞아 주는 너, 너도 내 두 손에 쏘옥 안기는 것이 편안한가 보구나. 너는 원래 날이 없어서 흥분하거나 떠들 줄 모르지. 그저 박꽃처럼 새하얀 큰 미소 속에 너만의 청량한 내음으로 나를 반겨주는구나. 아, 너의 살냄새를 맡으며 하루를 시작하니 오늘도 향긋한 시작이로구나.

얼마 전까지만 해도 너를 대단치 않아 했거나 너와 직접 대면하기를 싫어했던 이들이 많았었지. 비싼 수입 외제 화장품으로 얼굴에 거품을 내며 기름기를 씻어 내는 걸 선호하는 이들이 많았던 게야. 너는 싸구려 취급을 받으며 마치 피부를 망가트리는 저질품인 것처럼 거부당하기도 했지. 하지만 너는 그들의 냄새나는 손을 깨끗이 씻어 주었다. 특히 밖에서 씩씩하게 놀다가 흙투성이로 들어오는 개구쟁이를 맞을 땐 얼마나 신나했던가. 너는 어린아이들이 제일 좋아하는 친구이지.

어느 날 시장 바닥에서 만난 너는 세 장에 천 원이라 했다. 네 하는 역할이 얼만데 뭐 이렇게 싸지 하다가도 너의 존재 이유를 생각하고 그 싼값이 눈물이 날 만큼 고마웠다. 네가 비싸서 너를 가질 수 없는 사람이 있다면, 그거야말로 네가 원하는 바가 아닐 것이다. 너는 너를 필요로 하는 사람과는 하루의 시작과 끝을 같이 하는 동행이요, 친구요, 가족이 되었지. 사람들이 피부색이 어떠하고, 어디에 살며, 무슨 언어를 쓰든 하나같이 너의 향내를 가까이서 맡으며 위로를 받고 하루하루의 오염을 닦아내며 안전하게 살아가고 있지 않는가.

난 사실 오래전부터 너와 친했고, 보다 많은 사람이 너와 친하기를 바랐었단다. TV 드라마를 보는데 밖에서 돌아온 사람들이 너를 먼저 찾아서 할 일이 있건만 곧바로 차려진 밥상으로 다가가서 식사하는 데 급급한 장면을 볼 때마다 얼굴이 찡그려지곤 했단다. 작가에게 전화해서 제발 외출에서 돌아오면 손부터 씻게 해 달라고 건의하고 싶을 정도였다.

요샌 사정이 180도 달라진 걸 네가 먼저 실감하고 있겠지? 갑자기 너의 존재가 하늘만큼 높아졌어. 너희에게 백신 역할을 하라는 지상至上 명령이 부여되고 나니 사람들이 너를 찾기 시작하고 좋아하게 되었어. 덕분에 감기 환자도 확 줄어서 병원이 한산하다고 하잖아. 손을 씻어 주는 네 역할이 드디어 빛을 보는 거였지.

누가 너를 그리 불렀는지 우리의 옛말 '비노', 그리고 현대어 '비누', 그 이름이 참 예쁘구나. 전에는 할머니들이 빨랫비누를 '사분'이라고도 하면서 아껴 쓰셨다고 하는데, 인도네시아에 가니 비누를 '사본'이라 하더라는 한 여행자의 글을 본 적이 있지. 불어로 너를 사본savon이라고 한다지. 이름이야 어떻든 너는 일찍이 사람의 몸을 닦아 주고 세상의 빨랫감을 빨아 주러 온 선물 같은 존재이지. 아무나 너를 손에 넣을 수 없어 너를 멋쟁이 냄새라 불렀다지. 강신재라는 소설〈젊은 느티나무〉에서 비누 냄새 풍기는 대학생 남성을 멋지게 그려내어 소녀들의 가슴을 설레게 하기도 했단다. 그는 너 때문에 선망의 대상이었고 근접하기 어려운 존재였단다.

그렇게 고상하던 존재였던 너는 코로나19라는 팬데믹이 지구를 덮치고 백신이 언제 나올지 모르는 암울한 시기에 보통 사람들에게 달려와 친구가 되어 주었구나. 하늘이 너를 지상에 보내 사람들이 고통에 빠지기 전에 어서 구하라는 사명을 주었던 것이 아닐까. 너는 백신 대신 전염병을 예방하는 방역 천사로 소임을 짊어졌지. 역병 중에도 일을 하러 다녀야 하거나 최소한의 외출이라도 해야 하는 남녀노소 시민을 위해 너는 몸안 가득히 품고 있는 신선한 향기와 부드럽고 포근한 순백의 포말로 바이러스를 쫓아내 주고 세상의 갖은 더러움을 씻어 주었다. 너는 백신 구실을 하면서 헌신하였다.

내가 너를 특별히 좋아하는 이유가 있단다. 그것은 네가 네 몸을 말려 가면서 생으로 토해 내는 거품으로 인간의 더러워진 부분을 청결하게 해 주는 숭고한 모습이 좋다. 그뿐이 아니다. 너의 색, 모양, 상표에 붙은 이름과 상관없이 너의 겉모습과 속 모습이 똑같다. 언제나 냄새도 똑같고 몸이 닳아 가는 동안 크기가 줄어들면서도 원형의 모습이 그대로 유지되는 너의 본래 면목이 진실로 아름답구나. 겉 다르고 속 다른 존재가 얼마나 많으냐 말이지. 너는 항심恒心과 한결같은 자태, 부드러운 체취를 간직한 채 사람들에게 봉사하지만, 너의 실체가 따로 없는 무상無相이라는 것을 네 스스로 겸손하게 증명하고 있지.

오는 사람 막지 않고 가는 사람 잡지 않는, 싫은 사람 좋은 사람 분별하지 않는 너. 악취가 난다고 찡그리지 않고, 좋은 향기가 난다고 좋아하지도 않으면서 너를 찾아오는 사람 그 누구도 차별하지 않고 똑같이 대하는 너, 자신의 몸과 향기를 그대로 보시하고 공양하는 그대는 참 귀한 존재가 아닐 수 없다. 너는 세상 사람들에게 순정한 백색 옷을 입혀 주는 자비 천사이지. 너의 본성은 세상의 때를 말끔히 씻어 내고 청정 세계를 만드는 사명을 띠고 있다. 나는 너의 존재를 통해 인간에 대한 하늘의 사랑을 보는 듯하다. 하늘의 수호신이 인간을 지켜 주기 위해 너를 내려 보낸 것 같기도 하다. 네 존재 자체에서 인간에게 바치는 순수한 사랑을 보는 듯도 하다.

 아침부터 밤까지 부자 나라 못 사는 나라 할 것 없이 세상 곳곳에 처져 있는 방어선을 지키고 있는 너, 그리고 너의 베스트 프렌드라 할 마스크는 2020년, 2021년 지구촌의 풍경을 바꿔 놓은 2총사이다. 마스크는 보이는 곳에서, 너는 보이지 않는 곳에서 인간을 지키기 위해 보초를 섰건만, 문화적 차이니 뭐니 하면서 마스크를 거부하던 여러 나라 사람들이 더 희생을 치르는 걸 보면 안타깝기만 하다. 우리나라도 구치소며 요양병원 일부 종교시설, 그리고 업소 등 제3차 대유행 시 방역이 뚫린 곳들이 많아서 마스크와 너의 협업이 제대로 빛을 발하지 못했던 것은 심히 유감이었다. 그러나 언제가 될지 모르지만, 이 사태가 가라앉고 마침내 온 국민에게 백신 접종이 가능하고 안전한 치료 약이 나올 무렵 너희 삼총사와 더불어 인간 승리를 기리는 멋진 K-클래식이나 K-팝 몇 곡이 터져 줬으면 좋겠다. BTS 방탄이나 정동원 군의 색소폰, 또는 트롯 기수들의 트롯이어도 좋으리라.

 너는 흘러내리는 물을 만나면 신나게 춤을 추지. 그런 때 나는 너의 댄스에 끼어들어 네가 비너스라도 되는 양 끌어안고 취하기도 한단다. 트롯 가수들이 팬데믹 시대에 큰 위로가 되어 주었으니 트롯의 여세를 빌어 고마운 너를 기리는 명곡 하나 탄생하기를 소망해 본다.

사회정의와 사회복지

근년 들어 '아빠 찬스'란 말이 많이 나돌았다. 한두 번 기사로 오르내리다 말기를 바랐으나 그게 아니다. 우리 사회의 공직자들 일부가 그 권력과 힘을 사적으로 오용하여 자녀들의 진학, 취업에 유리하도록 윤리에 어긋나는 일탈 행위를 다반사로 하고 있음이다. 부끄러움이나 범죄라는 의식이 없는 것 같다.

아빠 찬스, 다른 말로 해서 부모 찬스가 원래 나쁜 건 아니다. 아이가 세상에 태어나서 생존하고 발달하기 위해서는 부모의 헌신과 공덕이 없으면 안 될 일이다. 엄마 찬스도 마찬가지다. 부모의 기회가 많으면 많을수록 좋다. 하지만 부모가 권력과 힘을 가진 공직자거나 남의 모범이 되어야 할 공인이라면, 자식 사랑에 눈먼 이기주의적 행동은 금물이다. 지도급 인사가 사회 윤리를 벗어나면 불의에 앞장서는 일이 되고 만다. 더군다나 성인이 된 자녀를 독립하지 못하게 하는 어리석은 일이다.

무엇보다도 남이야 어찌되든 나만 잘되면 된다는 지혜롭지 못한 생각은 "다 함께 잘 살아야 한다."는, 공동체가 추구하는 기본 가치인 사회정의의 적이다. "너의 아픔이 곧 나의 아픔이고 우리의 아픔이 곧 우리 아닌 모두의 아픔"이라는 동체대비同體大悲 정신에도 어긋난다. 사회정의는 모든 인간이 남에게 양도할 수 없는 존엄성을 타고난 평등한 존재이며, 공평한 기회와 공정한 과정을 통해 각 개인이 행복을 추구하고 실현할 수 있다는 가치이다. 이는 자유민주사회의 중요한 척도의 하나이다.

사회정의가 무너지면 사람들은 기본 권리를 박탈당한 상실감과 소외감을 느끼게 된다. 우리나라 국민의 행복지수가 세계적으로 하위권인 것은 아마 물질적 풍요와 상관없이 국민들이 "공평한 기회가 편재하지 않는다."는 기본적인 불신과 상대적인 박탈감 때문이 아닌가 싶다. 소수가 향유하는 아빠 찬스도 그 원인遠因이 될 수 있으리라.

이런 때 노자가 가졌다는 삼보三寶가 떠오른다. 노자는 고대의 철인이고 성인이었다. 그의 직업은 주나라 시대의 사서실장(요즘의 도서관장)으로 공직자였다. 노자의 세 가지 보배는 자애, 검약, 그리고 '세상에 앞서려 하지 않음'이었다. 그 내용을 음미해 볼 만하다.

공직을 수행하면서 자애로 대해야 할 사람은 누구인가. 가족이 먼저인가, 봉사해야 하는 대상인 국민이 먼저인가. 이미 가지고 있는 것에 자족하며 검소하게 살고 있는가. 더 많이 가지려는 것은 부끄러운 일이 아닌가. 세상으로부터 더 인정받고 남들보다 앞서고 싶은가. 이익이 되는 일이라면 남보다 앞장서서 먼저 기회를 누리고 싶은가. 권속을 아버지의 힘으로 남들보다 더 앞선 출세자로 만들고 싶은가. 오히려 그런 것이 자신의 역량에 맞게 독립하고 자립할 수 있는 기회를 막는 건 아닌가.

반드시 공직자가 아니더라도 사회생활을 하면서 노자의 위 세 가지 보배 중 하나만 가진다 해도 덕이 있다 하겠다. 사람들을 사랑하고 검약하며 겸손하게 살고, 세상에 나서지 않은 채 묵묵히 자기 할 일을 하는 사람이 환영을 받아야 한다. 영원하지도 않은 자신의 자리와 권세를 이용하여 사익을 챙기고 특혜를 도모하지 말아야 한다. 무위無爲, 무사無事의 행위로 '최고의 선은 물과 같다'[上善若水]는 노자의 철학처럼 물처럼 낮은 곳을 향해 걸림 없는 삶을 살아가는 것이 그렇게나 어려운가.

그런데 아빠 찬스와 비교할 수 없는 더 큰 문제가 최근 한국 사회에 등장하여 사람들을 놀라게 한다. 이는 어제오늘의 문제가 아닌, 말하는 것이 오래도록 금지되었던 것이다. 생존에 필수적인 요소인 아빠 찬스, 엄마 찬스를 향유하지 못한 아이들이 사회의 안전 그물망 아래로 널어지고 있다. 낳자마자 베이비 박스에 버려지는 아이, 태어났는데도 아무도 출생 신고를 하지 않는 '그림자 아이', 심지어 부모의 손에 살해되고 엽기적으로 유기되는 아이, 학대로 서서히 죽음에 이르는 아이, 집을 잃고 부모에게 돌아가지 못하는 아이 등 버려지고 잊혀져 간 아이들의 문제다. 의지할 아버지나 어머니 찬스가 없어서 생존 기회 자체가 불분명하고 살아 있다 하더라도 출발선부터의 공정은 이미 부재하는 바와 다름없는 아이들이다. 국가 제도는 사각지대가 많고 사회복지는 구멍투성이다. 이런 현실이 환기되면서 특단의 조치를 외치는 소리가 높다.

사회복지는 원래 그 수요자인 국민에게 경제적 물질적 지원과 정신적인 서비스를 제공하는 국가의 제도이다. 국민 누구나 평등하게 사회복지의 권리를 누릴 수 있다. 그래서 누구나 공평한 기회와 공정한 서비스를 받아야 한다. 사회복지는 바로 사회정의의 구체적인 실상이다. 사회정의 구현을 위해 사회복지 서비스는 자립의 동기를 부여하며, 사회적으로 역할을 할 수 있는 능력과 기술을 길러 주고, 뒷받침이 될 자원에 접근할 수 있는 기회를 제공해야 한다. 어린아이들에 대한 서비스는 아이들이 가정과 지역사회를 떠나지 않고 부모 밑에서 양육되도록 아이와 부모를 함께 지원한다. 아이의 입양이나 시설 보호는 차선책일 뿐이다.

지난 4월, Y 통신사에서 '삶'이란 특별 코너에서 인터뷰를 한 기사를 보았다. '고아권익연대'란 단체의 대표가 겪은 고아의 삶을 증언하는 이야기이다. 그 내용을 요약하면 대강 이렇다.

우리나라에서 한 해에 3천 명가량의 아이들이 버려지거나 부모를 잃는다. 자신은 6세 때 어머니에 의해 강남 고속버스 터미

널, 8세 누이는 같은 시기에 서울역에 버려졌다. 남매는 각각 부여와 목포의 보육원에 보내졌다. 그는 33년을 고아로 살았고, 누나는 고2 때 보육원을 뛰쳐나와 기억에 있던 외할머니 집을 찾아갔다. 그는 병역기피자로 당국의 조사를 받는 과정에서 부모의 소재를 알게 되었고 39세 때인 2018년 부모를 상봉하게 되었다. 어머니가 남매를 버린 이유는 재혼하는 남자가 아이들을 데리고 오지 말라 했기 때문이었다.

그는 그해 고아권익연대를 창립하였다. 버려진 아동은 부모를 찾지 못하고 보육원에서 사는 오랜 기간 동안 힘든 세월을 보낸다. 아이를 잃어버린 부모는 전국 방방곡곡으로 아이를 찾으러 다니며 가계와 가정이 파괴되기 일쑤다. 경찰은 버려진 아이의 부모를 찾는 일에 적극적이지 못하다. 아이들을 기르는 보육원은 아이들의 수만큼 재정 지원을 받고 국내외 입양에 보내는 비용은 양부모가 될 사람으로부터 받기에 아이들을 데리고 있으려고 한다. 그들은 18세가 되면 보호 대상에서 풀려 사회로 나가 홀로서기를 해야 한다. 이것은 또 다른 문제의 시작이다.

그는 힘주어 말했다. 아이를 버리는 것은 범죄 행위이다. 그렇게 만들어진 고아는 '유기피해인특별법'이나 '고아인권특별법'을 제정해서 부모에게 책임을 물어야 한다고 했다. 그가 바라는 것은 고아 자체와 보육원이 사라지는 것이라고 한다.

우리나라의 사회복지 영역 중 아동복지 분야가 가장 취약하다는 것은 잘 알려진 사실이다. 정부뿐 아니라 공중의 관심이 소극적인 것과 무관하지 않다. 한국전쟁 후 피의 혼혈을 금기시하는 풍토 때문에 혼혈아들이 해외에 입양되기 시작했다. 가난하거나 혼외 출산으로 원치 않는 아이를 갖게 된 부모들이 아이에 대한 친권을 포기하거나 아이를 버려도 쉽게 해외 입양이 가능했기 때문에 아동복지의 다양한 서비스 제도 개발이 늦어졌던 것이다. 이를테면 '도피 제도'(escape system)를 우선적으로 택한 셈이다.

아동복지의 중요성은 아무리 강조해도 모자란다. 헌법 외에도 아동의 권리 국제협약을 통해서 '비차별', '아동 최상의 이익', '생존과 발달의 권리', '아동 의견 존중' 등 기본 원칙이 제시되어 있다. 하지만 스스로의 권익을 발언할 수 없는 아동을 위한 사회복지는 아동 입장에 최상의 이익이 되기는커녕 아동에게 불의를 안겨 주는 비복지 지대였다. 사회복지는 아동들의 기본 인권도 지켜 주지 못했으며, 평등하고 공평한 기회를 누릴 기회를 제공하지 못했다. 사회정의와는 거리가 멀었다.

일반 아동·청소년들이 겪는 문제도 심각하다. 안전해야 할 학교존에서 교통사고로 희생되는 아이들, 학교 폭력, 사회적 폭력 범죄의 희생자가 되어 극단적인 선택을 하는 청소년, 마약 관련 범죄에 연루되어 앞날을 망치는 청소년, 사교육과 학원 교육으로 공부하는 기계로 전락하고 대학에 간 뒤 목적을 잃고 방황하는 청소년 등 미래 세대가 위험한 사회적, 교육적 환경에 놓여 있다. 그들이 곱게 성장하여 행복한 삶을 누리기 위해 공기와같이 필요한 사회정의가 과연 얼마큼이나 느껴지는지 그들 본인에게 물어보면 알 일이다.

시대가 변해도 변하지 말아야 할 것은 사회정의의 가치이다. 기회균등의 사회, 공정한 절차로, 공개적으로 일이 추진되는 그런 가치를 추구하는 사회에서는 빈곤 그 자체가 문제되지 않는다. 두 부모가 절대적으로 필요한 것도 아니다. 적절한 사회복지 제도가 사회정의의 정신으로 부모와 가정을 도와주고 때로는 부모 역할을 대신해 주며 아이들의 생존과 발달 기회를 보장해야 한다. 사회정의와 함께 가지 못하는 사회복지는 꼭두각시놀음에 지나지 않는다. 사회복지의 몸통과 따로 노는 사회정의는 공허한 메아리가 될 뿐이다.

고아권익연대 대표의 마지막 말이 먹먹하게 울려온다.

"고아들도 같은 사람이라는 사실을 잊지 말아 주시기 바랍니다. 여러분들이 누리는 것, 느끼는 것을 좀 함께할 수 있는 세상을 만들어 줬으면 좋겠습니다."

티나 터너

1980년대 초반 몇 년간 미국에 머물고 있을 때 당시 내로라하는 미국의 톱 가수 중 한 사람인 티나 터너Tina Turner를 TV에서 처음 보았다.

마이클 잭슨을 중심으로 아프리카 난민 구호를 위한 자선 음반 '위 아 더 월드'의 제작에 참여했던 록의 여왕 티나 터너는 그때 검은 피부에, 붉은 입술, 사자의 갈기 같은 부수한 머리, 육감적인 낮고 육중한 목소리로 내 시선을 끌었다. 중후한 멋이 풍기는 그녀는 가죽 상의와 짧은 스커트, 원피스가 잘도 어울렸다.

그녀가 지난 5월 83세로 제2의 고국 스위스에서 영면에 들었다는 부음이 들려왔다. 세계의 매체들이 록음악, 춤, 연기로 사람들에게 카타르시스와 활력을 주었던 그녀의 생애를 조명하고 죽음을 애도하였다.

한 번도 로큰롤의 코스에서 벗어난 일이 없으면서 자신의 재능을 엔터테이너로 헌신한 터너에게 세계는 찬사를 보냈다. 록의 여신, 아티스트, 페미니스트, 배우, 자선사업가, 수행 명상가 등 여러 방면에서 후대에게 역할 모델이 되었다고 칭송했다. 미국의 트위터는 그녀의 삶을 한마디로 '탄력적'이었으며 '전설'이었다고 추앙하였다.

1939년 미국 테네시주 넛부시시에서 애나 메이 불럭Anna Mae Bullock으로 태어난 티나는 가난한 부모 밑에서 가난하게 살았으나 타고난 음악적 재능은 곧 세상에 드러났다. 1959년 열아홉 살에 한 나이트클럽에서 유명 뮤지션 아이크 터너Ike Turner를 만나게 된다. 아이크 터너는 자신의 밴드에 소녀를 보컬로 내세웠다. 티나라는 이름으로 '아이크와 티나 터너'라는 듀오를 결성하여 활동했다. 티나는 곧 솔로 아티스트로도 성공하였다.

그러나 아이크와의 결혼은 고통의 연속이었다. 그녀의 재능과 성공을 질시한 아이크의 폭력이 뒤따랐다. 가정 폭력을 겪으며 티나는 외상 후 스트레스로 극심한 정신적 고통을 견뎌야 했다. 결혼 생활 중 그녀는 일본의 창가학회創價學會를 알게 되었고, '남묘효렌게쿄'를 염송하며 아픔을 인내하였다. 이후 불교를 평생의 종교로 삼았다. 티나는 1974년 이혼 소송을 냈고, 1976년에 이혼이 성립되었다.

티나가 오랜 시간 아이크에게 성적 학대와 폭력에 시달렸다는

5부 끝없는 사랑 247

사실은 미국 사회에 큰 충격을 주었다. 이혼 후 티나는 홀로서기를 위해 몸부림쳤으나 전남편 아이크의 업계에 미치는 영향력으로 미국에서 발붙이기가 힘들었다.

그녀가 미국에서 재기한 것은 그 재능을 부러워했던 롤링 스톤즈의 보컬 믹 재거, 보위 등과 듀엣을 하면서부터였다. 듀엣 활동이 유럽에서 큰 환영을 받게 된 것이 계기가 되었다. 1984년 앨범 '프라이빗 댄서Private Dancer'로 글로벌 히트를 기록했다. 이 앨범에 수록된 '왓츠 러브 갓 투 두 위즈 잇What's love got to do with it'이 수록되었고, 그녀는 그래미상에서 가수상, 음반상, 올해의 가수상 등 세 개의 상을 받았다. 일생을 통해 그녀는 모두 여덟 개의 그래미상을 받았다. 명예의 전당에 헌정된 것이 세 차례였다. 그녀는 뮤지컬과 영화로도 성공을 거두었으며 한편으로는 월드 투어도 이어갔다.

은퇴 전 그녀의 유럽 투어는 큰 반향을 불러왔다. 터너는 마치 자신의 마지막 의무처럼 투어에 진념하였다. 당시 영상을 보면 그녀는 온몸이 악기가 되어 노래하고 춤추었다. 무대와 하나가 되는 그녀의 지칠 줄 모르는 활력에 유럽인이 환호하는 모습은 정말 대단했다. 터너 자신이 언젠가 미국 TV에 출연하여 자신의 미국에서의 인기는 마돈나보다는 못하지만, 유럽에서는 마돈나 이상으로 많다고 농담처럼 웃으며 말했던 적이 있다. 그녀에 대한 유럽인의 사랑은 미국인이 질투할 정도였던 것 같다.

그녀의 유럽 투어는 음악 프로듀서이면서 EMI를 운영하는, 16

세 연하의 남자 친구 어윈 바흐의 뒷바라지 덕분이었다. 그는 그녀의 음악적 후원자였을 뿐 아니라 그녀가 갈망했던 사랑을 준 사람으로서 그녀가 첫 번째 결혼에서 받지 못했던 사랑을 넘치게 부어 준 사람이었다. 그 둘은 2013년에 결혼해서 스위스 취리히 근교에 정착했다. 미국이 그녀에게 상처를 주었던 고향이었다면, 유럽은 그녀의 상처를 사랑으로 보듬어 준 따뜻한 보금자리였을지도 모른다. 바흐는 결혼 후 티나가 신병으로 긴 투병 생활을 할 때 그녀 곁을 지켰고, 2017년에는 자신의 신장을 그녀에게 기증하였다. 그는 아내의 임종을 지켰다.

록 싱어로서 "영적인 수행과 한 번도 떨어져 본 적이 없다."라고 할 만큼 터너는 불교 수행을 게을리하지 않았다. 록 싱어로서 작업이 영적 수행 때문에 가능했으며, 인생에서 가장 어렵던 때 남묘호렌게쿄를 염송했고, 그 염송으로 삶이 나아졌다고 했다.

"음악은 나와 너 사이에, 우리와 그들 사이에 다리를 놓아준다. 이제 세계는 위대한 영적인 연결로 더 나아가야 한다."

그녀가 남긴 말에 전적으로 그렇다고 공감한다.

나는 티나 터너와 작별하면서 국내외를 막론하고 그런 유명 대중 가수의 공연에 한 번도 다녀본 적이 없었던 내 처지가 얼마나 무료했고 정서적으로 메말랐던가를 되돌아본다. 위대한 엔터테이너들의 재능이 얼마나 많은 사람의 메마른 삶을 적셔 수고 활기를 불어넣어 주는지를 새롭게 느낀다.

두 손 모아 그녀의 안식을 빈다.

오늘은 또 뭘 버릴까

　단풍이 한껏 물오른 10월 하순, 서울 도심의 사찰 길상사吉祥寺의 뜰 안은 가을 나들이 나온 참배객들로 붐볐다. 길상사는 산책로와 물이 흐르는 계곡, 우거진 나무들로 사계절이 아름다운 아취를 품은 시민 휴식처로도 잘 알려져 있다. 게다가 창건주 법정 스님의 평생 과업이고 유업이 된 '맑고 향기롭게 운동'의 신선한 기운이 가득해 보였다.

　길상사는 옛 시절 대원각이라는 한식당을 운영했던 김영한 여사가 1987년 7천여 평의 대지와 40여 동의 건물, 당시 시가 1천억 원 상당의 건물과 대지를 조건 없이 법정 스님에게 희사하여 절을 만들어 달라고 청한 데서 시작되었다. 스님은 그 보시를 받지 않다가 10년이 지난 1997년 12월 비로소 '한국에서 제일 가난한 사찰'을 지향하는 길상사를 창건하였다. 스님은 보시하려는 돈이 다툼의 원인이 되지 않고, 주고받는 이들이 모두 자기를 내려놓고, '자기 없음'을 보여 주며, 무엇보다도 중생에게 이익이 된다는 보살행의 삼박자가 다 갖추어졌을 때 이 절을 창건함으로써 진정한 나눔의 예술을 몸소 보여 주었다.

절 안에 들어서면 경내 중심에 본 법당인 극락전이 있고, 극락전 왼편에 지장전, 오른편에 설법전이 있다. 설법전 아래 평지에 사람의 발길을 멈추게 하는 관세음보살상이 있다. 만든 이의 예술혼과 길상사의 뜻이 합하여 2000년 4월에 세워졌다는 설명이 눈길을 끈다. 가톨릭 신자인 최종태 조각가가 성모 마리아와 관세음보살을 합친 듯한 관세음보살상을 조각하였다. 머리에 보관을 쓰고, 마르고 큰 키에 오른손은 하늘을 향해 세웠고, 왼손으론 가슴에 감로수 병을 쥐고 있다. 관세음보살의 장엄한 복장은 생략된 채 단순 그 자체로 표현되었다. 작가는 조각에 있어서 형태보다 정신을 조각한다는 추상 조각으로 유명한 불각不刻 김종영 선생, 그리고 사물의 본질을 단순하고 자연스럽게 그려 보이는 장욱진 화백의 제자로 알려져 있다. 종교를 초월한 회통뿐만 아니라, 이상과 현실을 서로 다른 둘로 보지 않는 스님의 검박한 중도 수행을 잘 나타내는 듯했다.

법정 스님의 진영이 모셔진 전각에서 오래 머물렀다. 개인석으로는 스님을 직접 뵌 적은 없다. 스님의 책과 글을 통해 스님으로부터 맑은 자연의 공기와 인생의 향기를 흠뻑 전해 받았다. 스님이 이 세상이라는 무대를 아주 떠난 게 아니라 어디 또 다른 한적한 곳 오두막에서 여전히 살고 계실 것만 같았다. 스님의 초상화와 단출한 소장품이 유품이 아닌 현실의 것처럼 익숙하고 정겨웠다.

초상화 속 스님의 형형한 눈빛이 내가 움직일 때마다 나를 향해 따라오며 눈으로 계속 뭔가를 말씀하는 듯했다. 초상화 밑바닥에 모셔진 스님의 생생한 법구法句 앞에 한동안 꼼짝 않고 서 있었다.

"절대적으로 간소하게 살 것."

"날마다 버릴 것."

길상사에 다녀온 후 '날마다 버릴 것'이 하나의 화두가 되었다. 매일 "오늘은 무얼 버릴까?"를 골똘히 생각했다. 동시에 버릴 것을 찾아 버렸다. 안 쓰는 물건도 많고, 못 읽고 밀린 신문이나 책도 많으니 버리는 것은 걱정 없다고 믿으면서…. 하지만 게으름도, 안 좋은 습관도 버려야 하고 무엇보다도 원숭이같이 날뛰는 생각들, 구하는 마음, 번뇌와 망상, 알음알이 등 버릴 것이 하도 많아서 무엇부터 버려야 할지 걱정하는 사이 하루가 가기도 했다. 버릴 것은 끝이 없어 보였다.

그러다가 문득, 스님이 날마다 버리라고 한 요체가 무엇일까 하는 근원적인 물음에 도달했다. 과연 뭘 어떻게 버리라는 것이며, 더욱 '날마다' 버리라는 의미는 무엇일까 하는 의문이 일었다.

불교는 생로병사의 괴로움을 벗어나는 길을 찾기 위해 시작되었다. 인간의 괴로움은 실체도 없는 '나'라는 에고에 집착하는 무지에서 만들어지는 것이다. 집착을 놓고 본성에 자기를 맡긴다면 괴로움이 소멸되고 나아갈 바른길이 바로 보인다고 했다. 그러므로 본성을 깨달으면, 무상無常 대신 상常이, 고苦 대신 낙樂이, 무아無我 대신 아我가, 그리고 부정不淨 대신 정淨의 해탈 경지에 이른다고 하였다.

그런데 깨달은 사람은 본성을 깨닫기 위해 현상을 버릴 필요가 없다고 한다. 중생이 있어서 부처가 있듯이, 번뇌가 있어서 보리(깨달음)가 있듯이, 현상은 버려야 할 어떤 대상이 아니라 본질과 함께 있으면서 완벽한 삼라만상을 이룬다고 한다. 현상의 하나라도 바꾸지 않고 있는 그대로 깨달을 수 있다는 것이 이른바 전식득지轉識得智. 김홍근 법사는 전식득지가 현상을 그대로 둔 채 분별 인식을 굴려 지혜를 얻는다는 뜻이라고 설명해 주었다. 여기서 '지智'는 부처의 눈이다. 부처의 눈으로 보면 중생의 상相 그대로가 완벽한 것이며, 하나도 바꾸지 않고도 있는 곳에서 의식의 전환 하나로 극락을 이룰 수 있다는 것이다. 바로 현상이 펼쳐진 눈앞에서 본성 안에 분명히 깨어 있는 의식이 열린 공간 전체를 보며 그 안에 현존함을 알아차린다. 세상이 있는 그대로 화엄의 법계로 나툰다. 의식은 알아차림과 같은 의미이다.

나는 버릴 것이 너무 많아서 못 버리겠다는 무거운 생각에 빠져 있었다. 날마다 버리고 또 버려도 마침내 죽음으로 육신까지 버려야 할 때가 되어서까지도 다 버리지 못할 것임을 알았다. 하지만 전식득지에 대해 듣는 순간, "아, 버릴 것이 아무것도 없구나!" 하는 알아차림이 떠올랐다. 본성의 의식이 눈앞에 나타난 것이다. 평생을 버려도 다 버릴 수도 없다는 자각이 떠오르면서 그렇다면 "그 모든 것이 있는 그대로 좋으며 버릴 필요가 없다"는 알아차림으로 전환이 이루어졌다. 나를 묶었던 속박이 스르르 풀리는 듯 몸과 마음이 자유로워졌다. 스님의 숙제니까 해야 한다는 고정관념도 저절로 놓아졌다. '버릴 것'이라고 스님이 내렸던 처방, 더욱 '날마다'라고 스님이 쳐놓은 그물도 홀연히 벗겨졌다. 본성 자리에서 의식 하나가 나에게 말을 걸어온다.

"잘했어. 넌 이대로 그대로 다 좋아."라고 하는 것 같다.

끝없는 사랑
– 펄 S. 벅의 《피오니》(모란)에 부쳐

 펄 벅의 문학에 대해 대중문학이니 순수문학이니 하는 논쟁이 있었다. 또한 그의 생애와 사상, 활동을 두고도 많은 논란이 제기되었다. 결국 그가 생애의 거의 반반씩을 보낸 중국과 모국인 미국 양쪽 모두에서 비난을 받거나 부정적 평가를 받는 입장에 처하기도 했었다. 한국에 대해 네 편의 소설을 썼고 혼혈아 지원 사업을 폈지만, 우리나라에서도 펄 벅에 대한 연구나 평가 역시 인색한 편이다. 이유가 무엇일까.

 펄 벅에 대해 무슨 말을 하기 전에 우선 그의 작품을 많이 읽어야겠다고 생각했다. 임헌영 교수의 인문학 강의가 그 불을 지폈다. 반세기도 전에 읽은 《대지》, 《북경에서 온 편지》의 옛 기억을 상기하면서 펄 벅의 《피오니》를 손에 잡았다. 1948년에 간행된 장편소설로 우리나라에서는 1959년 이래 여러 출판사에서 《모란꽃》으로 번역 출판되었다. 주인공의 이름이 '모란'(영어로 Peony)이다.

이야기는 오래전 실크로드를 거쳐 중국에 들어와 정착 중인 카이펑開封의 유태계 가정에서 일어나는 세대 간의 종교적, 문화적 갈등 속에 주인공인 중국인 하녀와 유태계 중국인 혼혈인 젊은 주인 사이의 순박한 사랑을 다루었다.

부유한 상인 에즈라 밴 이스라엘은 어머니가 중국인이고 아버지가 유태인인 혼혈 가정의 가장이다. 거의 중국화되어 있으며 특별히 유태 신앙을 고수할 생각이 없다. 반면 유태인인 그의 부인은 "언젠가 서쪽 고향으로 돌아갈" 희망을 놓지 않고 유태의 전통을 살려 가려고 애쓰는 신앙심 깊은 여인이다. 그녀는 하나밖에 없는 아들 데이비드를 유태인 처녀에게 결혼시키고자 그 처녀의 아버지인 랍비와 넝덕해 기는 교회당을 보살피는 큰손이다. 사실상 집안의 권력자이다.

이런 집안에 어려서 하인으로 팔려 온 중국인 소녀 모란은 아름답고 부지런하고 명민하고 지혜로워서 가족들로부터 사랑을 받으며 지낸다. 다른 중국 여성처럼 전족을 시키지도 않았고 하고 싶은 말도 못 하게 억누르지도 않았다. 소녀는 젊은 주인 아들 데이비드와는 어릴 때부터 서로 남매처럼 정이 들었다. 그것은 연정으로 이어진다. 그 연정은 현실과 꿈 사이에서 길을 잃지 않고 매우 현실적이며 지혜로운 방향으로 발전한다. 중국인들 사이라거나 중국화된 유태인들 사이에서는 본처 외 후처로 들여진다 해도 이상할 것이 없는 풍토였으나 모란은 한 사람의 아내만을 두어야 하는 율법을 어길 의도가 없다. 이 집안에서 후처 자리는 아예 바라지 않는다. 그 대신 데이비드가 어머니가 정해 준 유태여성이 아닌 이웃의 중국인 부잣집 셋째 딸과 결혼할 수 있도록 표가 날 정도로 중개하고 나섰다. 그 둘은 첫눈에 서로에게 사랑을 느끼고 보고 싶어했으나 기회가 없던 터였다. 데이비드가 유태 여성을 사랑하기는 하면서도 어머니가 강요하다시피 하는 유태교에 대한 자신의 결심이 확실하지 않았고 더군다나 랍비의 딸인 처녀와 결혼하여 랍비를 잇는 지도자가 되어야 하는지 자신이 없던 때였다. 모친은 사랑을 강요하였지만 젊은이는 순종을 미뤘다. 그런 사이 유태 처녀가 사랑받지 못하는 절망 끝에 데이비드를 격렬하게 해치는 사건이 일어났고, 그로 인한 자책으로 자기 목숨을 끊는다.

모란이 두 사람의 사랑하는 남녀를 부부로 맺어 주려 했던 이유는 데이비드가 유태 처녀와 결혼하게 되면 자신이 그들과 한 집안에서 평생 같이 살 수 없으리라는 예감 때문이었다. 모란은 사랑하는 데이비드가 중국 여성과 가정을 꾸린다면 자기는 평생 그들 곁에서 함께 실 수 있을 거라고 믿었다. 아내가 될 여인이 아름답고 귀엽기는 하지만 부잣집 딸로 전족을 해서 몸이 불편한 데다 살림도 배우지 않았으므로 자기 할 일이 여전히 많을 테고 더군다나 젊은 주인이 자기를 필요로 하리라는 확신이 들었다. 젊은 부부의 결혼으로 안주인 마님은 중국인 며느리에 대한 통제를 잃었고 무력해졌으며 자라나는 손주들에 대한 열정도 느끼지 못한 채 외롭게 눈을 감고 말았다.

모란은 이 집의 주부처럼 젊은 가장과 그의 게으른 아내와 다섯 아이들을 헌신적으로 돌봤다. 아이들에겐 유태의 정신까지 가르치는 가정교사였다. 부유한 중국인 장인의 배경과 유태-중국 혼혈 아버지를 이어 자리를 잡아가는 데이비드가 베이징에서 섭정 중인 서태후에게 공물을 바치러 가게 되자 모란은 이 여정에 동행하며 가족들의 모든 일을 챙겼다. 그때 모란의 아름답고 원숙한 모습에 침을 흘렸던 환관이 모란을 궁에 두고자 하였다. 거역할 수 없는 심각한 상황이었다. 급히 집에 돌아온 데이비드의 근심 어린 모습 앞에서 모란은 이 집안에 자기로 인해 닥칠지 모를 화를 예감하고 데이비드 곁을 떠나 절로 가서 비구니가 되려고 결심한다.

이별의 현실을 앞두고 남자는 드디어 맘에 두고 하지 못했던 고백을 한다.

"난 지난 긴 세월 동안 너를 그저 누이 같은 존재라고 말하면서 내 자신을 속여 왔어. 난 그동안 바보였어. 넌 절대 내 누이동생 같은 존재가 아니었어. 우리가 어렸을 때를 생각해 봐도, 널 사랑했던 것처럼 내 누이를 좋아하진 못했을 거야. 지금 너를 사랑하는 마음도 마찬가지고."

모란은 그 말을 듣는 순간이 지금까지의 그녀의 삶이 안겨 주는 선물이라고 생각했다. 다른 생각할 것 없이 모든 걸 잊고 그저 두 손을 뻗어 선물을 받으면 그만이었다. 그러나 그녀는 짐짓 웃어 보이며 말했다.

"비구니가 되어야 할 또 다른 이유가 생긴 것 같네요."

데이비드는 멈추지 않았다.

"그렇게 웃으면서 날 피해 가려 하지 마. 내가 살아 있는 한 넌 반드시 내 집에 함께 있어야 해. 피오니, 왜냐하면 난 너 없이 살 수 없기 때문이야. 마침내 난 그걸 깨닫게 됐어."

그 뒤의 문제는 시간에 맡길 일이었다. 피오니는 유태인의 정체성 대신 평범한 중국인처럼 초상을 치른 주인 에즈라의 장례를 끝내고 비구니 수도원으로 갔다.

수도원 원장이 모란에게 말했다.

"사랑은 변하는 거란다. 불꽃이 사그라져도, 온기는 남아 있지. 하지만 더 이상 중심을 차지하고 영혼 전체를 따뜻하게 만들어 주지는 못한단다. 그러면 이제 영혼은 확산된 사랑으로 모든 인류에게 눈을 돌리게 되지."

"이곳에서 편히 지내도록 해라. 우리 위로는 하늘이, 아래로는 땅이 있을 뿐이다."

삼 년 동안 모란은 수도원 안에서 살았다. 원장이 말했던 그 불꽃이 온기로 변하는 데 그렇게 긴 시간이 걸렸다. 그녀는 머리를 삭발하고 서약한 뒤 비구니가 되었다. 청화清和라는 법명을 받앉다. 스님으로서 데이비드와 재회한 것은 시간이 흐른 후 아들 중에서 제일 아버지를 닮은 넷째가 사경을 헤맬 때였다. 이후 오랜 세월, 데이비드와 그의 아내와 대등한 위치에서 마주하며 그의 집을 드나들었다. 그녀에게 점차 의지하게 된 데이비드 부부는 그녀의 조언을 경청하였고 그녀의 말엔 권위가 실렸다. 그녀는 원장이 되었다. 다시금 몇 년이 흐르고 데이비드는 장안에서 알아주는 어른이었으며 모란은 현인으로 존경을 받았다. 모두들 그렇게 우아하게 나이를 먹어 갔다. 그동안 유태 예배당은 그저 흙더미에 지나지 않을 만큼 마지막 남은 벽돌들마저 사라졌다. 그녀는 혼자 말로 중얼거렸다.

"아무것도 잃은 게 없어. 그들은 다시 그리고 또다시 계속해서 살아갈 거야, 우리 중국 민족과 함께."

"아무것도 잃은 게 없다."는 모란의 마지막 말이 함축적이다. 잃기는커녕, 온기를 남기고 식어 버린 듯한 사랑이 자신과 같은 중국인들과 데이비드 같은 유대에게 중국인들의 영혼 속에 끝없는 사랑으로 이어지고 있음을 기뻐하는 표현이 아니었을까.

책의 마지막 장을 덮을 때까지 소설 속의 서사에 흠뻑 취하였다. 역시 펄 벅은 타고난 이야기꾼이었다. 변사辯士였다. 재미와 흥미뿐 아니라 의미 있는 메시지도 한가득이었다. 펄 벅의 재발견이 아니라 신발견이다. 나는 기대 이상으로 작가에게 한발 가까이 다가간 느낌이다.

《피오니》에서 펄 벅이 하녀인 중국 여성을 내세워 무엇을 말하고자 했을까. 펄 벅은 여자 한 사람이 옴짝달싹 못 하는 전통 유교 사회에서 신분의 벽을 무너트릴 수 없다는 것을 너무 잘 알기에 명민하고 지혜롭고 아름다운 '모란'이라는 상상 속의 인물을 통해 초월적인 사랑이 존재할 수 있다는 것을 세상에 선포한다. 펄 벅을 대신하는 모란의 소리 없는 사자후獅子吼가 들리는 듯하다. 모란은 신분과 종교와 동서의 시대를 넘는 마음의 평화를 얻었으며 보살핌이 필요한 사람들을 어머니와 같은 자애로 보살폈다. 천수천안千手千眼의 관세음보살과 다름 아니다. 전통을 따르면서도 제약 또한 아름답게 뛰어넘는 중국 여성 모란은 펄 벅의 분신으로 읽혀진다. 물론 그 독자는 중국인보다는 세계인들이겠지만, 펄 벅은 내심 중국인들이 모란이 개척해 나가는 길에 동조와 힘찬 응원의 박수를 보내주기를 바랐을지 모른다. 그렇다면 주인공의 캐릭터를 중국인이 좋아하는 모란으로 정했던 펄 벅의 은밀한 전략은 성공한 셈이나 다름없다. 모란꽃을 좋아하는 사람들은 '꽃 중의 왕'으로, 부귀와 위엄을 상징하는 꽃 모란에서 고귀한 여인의 자태가 느껴지며, 잠깐 봉우리일 때보다 활짝 피고 나서 더 원숙한 모습은 달콤한 향기로 눈길을 사로잡는 장미보다 한 수 위라고 본다. 여인들이 수놓기를 즐기는 꽃이다. 펄 벅은 중국인처럼 모란꽃을 좋아하였을 뿐 아니라 피오니를 통해 하고 싶은 이야기를 조곤조곤 들려주었다고 본다. 모란은 작품 세계 안에서 모든 인간이 평등하고 자유로우며 존엄하다는 펄 벅의 휴머니즘 사상을 적절하게 전했다고 할 수 있다.

  이 소설은 유태인의 반발을 고려하여 바로 출판되지 못하였다. 하지만 유태교에 대한 비판이나 종교적 논쟁이 이 책의 주제가 아니었기에 《피오니》가 햇빛을 본 것 아닌가 싶다. 이 책의 큰 주제는 인간은 환경에 얼마큼 종속되는 존재인가, 인간은 환경을 얼마큼이나 통제하며 사는 존재인가, 종속과 통제 사이의 균형은 어떤 모습일까를 다룬 것으로 보인다. 작가 펄 벅은 《피오니》에서 그 답을 찾고자 노력한 것 같다. 종교적으로 문화적으로 극명하게 대비되는 두 세계, 동양과 서양, 두 대양 사이에 서로에게 다가갈 수 있는 쌍방통행의 다리 하나를 놓고자 애썼다. 한 중국 여인 모란을 통해 다른 문화가 서로 어울리며 살아갈 수 있고, 살아가야 한다는 '조화'의 가치관을 새로운 이상으로 펼친 듯하다. 조화의 가치관은 인간과 환경 사이가 종속 아니면 정복의 택일이 아니라, 상호 간에 알맞은 균형을 추구해야 한다는 제3의 관점으로 풀이할 수 있을 싯 같다.

  펄 벅의 제3세계관은 《피오니》에서도 나타난다. 서양에서 들어온 이민족인 유태인과 자연에 순응하고 유교적인 가족의 질서를 존중하며 사는 중국인이 조화롭게 마찰 없이 사는 모습을 자연스럽다고 보았을 수 있다. 유태계 중국인이 중국에서 종교적 갈등 없이 평화롭게 살 수 있었듯이 중국인도 서양으로부터 종교적 강요를 당하지 않고 살던 대로 살고 싶어한다고 펄 벅 자신도 믿었던 게 틀림없다.

펄 벅은 1938년 노벨문학상을 받았다. 대중적 인기가 폭발적이었다. 중국에서 살았던 경험이 그녀의 작품 토대가 되었으며 사상의 토대가 되었고, 그녀를 독보적인 존재로 돋보이게 했다. 펄 벅은 마르코 폴로의 《동방견문록》이후 중국을 세계에 소개한 첫 작가라는 세평이 무색하지 않은 중국통으로 간주되었다. 그러나 그녀는 항상 논쟁을 불러일으키고 비판이 따르는 문제인이 되었다. 아편전쟁 이후 서방에 의해 열등한 민족, 칭크chink로 비하되고 차별받던 중국인을 옹호하는 그녀의 행동 때문이었다. 펄 벅에게 인종차별은 오만한 제국주의로 받아들여졌을 뿐이다. 미국의 중국인 이민 배제법을 비판하고 철폐 운동에 앞장선 친중국 펄 벅을 용공 반미 활동가로 간주하여 그녀를 폄훼하였다. 펄 벅은 이에 굴하지 않고 미국이 아시아인과 혼혈아 입양을 금지하는 인종차별에 격분하여 재혼한 남편 월쉬와 함께 '동서협회'(1942)를 설립하였다. 또한 세계 최초의 인종 간 국제 입양을 위한 '웰컴 하우스'(1949)를 설립하여 이후 50년간 5만 6천여 명의 아동을 입양하였다. 그중에는 한국전쟁 이후 태어난 한국 혼혈아들도 포함된다. 그녀는 중국에 있을 때나 귀국해서도 중국 주변국 인사들과 넓고 깊이 교유하였다. 중국을 침략한 일본을 비판했으며, 인도와 한국의 독립을 옹호하였다. 중국의 공산화도 반대하였기 때문에 중국의 눈 밖에 났고 다시 중국의 땅을 밟지 못하였다.

1960년 처음 한국을 방문한 펄 벅은 문인들을 만나고 당시 여러 중고등학교 여학생들을 만나 주부로서 어머니로서 딸로서만 아니라 세계시민으로 살아야 한다고 역설하였다. 문인들을 만나서는 "불평하기보다는 촛불 하나라도 켜는 게 낫지 않겠느냐"며 술도 덜 마시고 다방에도 가지 말라고 따끔한 조언을 남겼다.

그녀는 '펄 벅 재단'(1964)을 설립하였고 1965년에는 재단 한국지부를, 1967년에는 소사에 혼혈아들의 지원을 위한 '기회센터'를 개소하였다. 《살아있는 갈대》(1963), 《새해》(1968) 등 한국에 관한 소설 네 편을 남겼다. 그녀의 말년, 한국에서의 사회사업은 펄 벅 재단에서 그녀와 스캔들이 있던 40년 연하의 재단 관계자가 저지른 후원금 오용 및 원아들에 대한 부적절한 비행 등으로 불행하게도 씻기 어려운 오명을 남겼다. 그녀도 실수하는 인간이란 것을 보여 주었다. 하지만 과거는 잊지 않되 잘못은 용서하고 생애에 걸친 세계시민, 인도주의자, 여성해방운동을 선도한 사회 개혁자, 그리고 한국의 독립을 지지하고 한국 사람을 사랑했던 그녀의 다른 면모를 잊지 않는 것은 우리의 몫이 아닐까 싶다. 우리를 도와주려 했던 그녀의 곡진한 마음을 먼저 살펴봄이 어떨까.

펜실베니아 고향집 한켠에 '사이전주塞珍珠'라는 중국 이름의 묘비 아래 영면하고 있는, 어머니처럼 인자하던 그녀의 모습이 떠오른다.